CB077340

Receitas para 4 pessoas com 25, 40 e 50 reais

Bérengère Abraham
Fotografias de Fabrice Besse

LAROUSSE

Índice

5 > Orçamento baixo... pratos deliciosos!

PEQUENAS REFEIÇÕES DE APROXIMADAMENTE 25 REAIS PARA 4 PESSOAS

6 > Rabanada condimentada, erva-doce grelhada e creme de cominho
8 > Cuscuz de trigo com legumes
10 > *Tatin* de tomates e atum com ervas
12 > Macarrão chinês e minilegumes salteados
14 > Nhoque gratinado com tomate
16 > Torta de Gruyère e cebola roxa
18 > Tarteletes de batata
20 > Ovos com *chorizo* e estragão
22 > *Frittata* de presunto e legumes
24 > Raviólis caseiros

PEQUENAS REFEIÇÕES DE APROXIMADAMENTE 40 REAIS PARA 4 PESSOAS

26 > Pequenas notáveis recheadas com arroz e especiarias
28 > *Sauté* de tofu marinado com legumes
28 > Kaftas de hortelã e bulgur
30 > Salada de repolho com abóbora-menina e linguiça defumada
32 > *Quesadillas* de carne com tomate e queijo

34 > Bolinhos de frango com semolina e azeitonas

36 > *Wok* de carne de porco com abacaxi

38 > *Papillotes* de sardinhas

40 > Brandade de bacalhau com batata-doce

42 > Linguine com espinafre e camarões marinados

44 > Enroladinhos de pescada com caramelo de limão e polenta fatiada

PEQUENAS REFEIÇÕES DE APROXIMADAMENTE 50 REAIS PARA 4 PESSOAS

46 > Ensopado de vitela com ervas tailandesas

48 > Brochetes de lombinho com mel e arroz com uva-passa

50 > *Pastilla* de peru com erva-cidreira

52 > *Confit* de cordeiro e frigideira de legumes

54 > Filé de bacalhau e endívias assadas com laranja

56 > Salmão semicozido com molho de soja e cenouras glaçadas

58 > *Papillotes* crocantes de pescada

60 > Mil-folhas de legumes com peixe defumado

62 > Macarrão negro com mariscos e minialcachofras

R$ 50

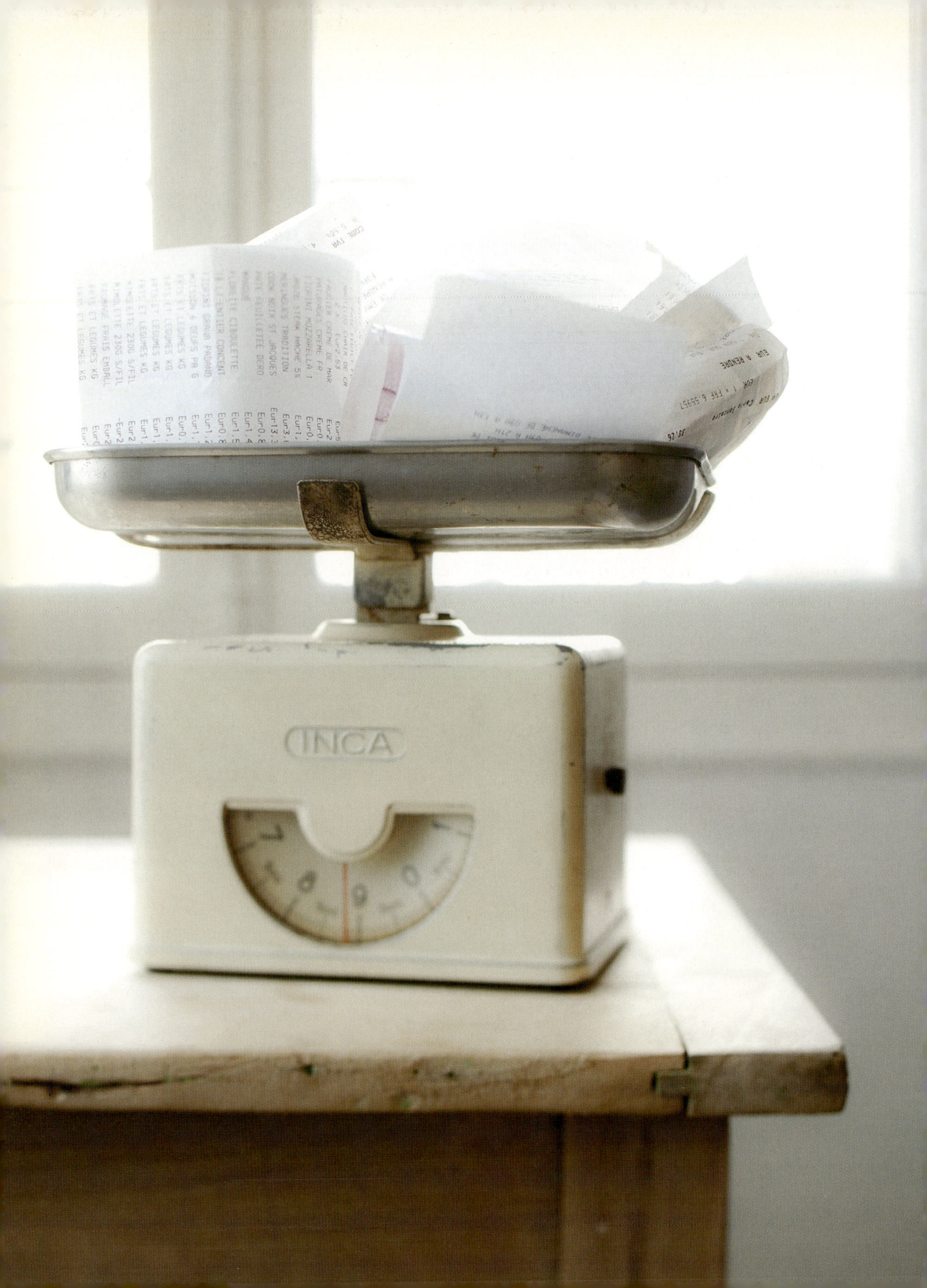
INCA

Orçamento baixo... pratos deliciosos!

Quer você esteja contando ou não os centavos que gasta, não se desespere diante da tarefa de cozinhar nem faça uma dieta forçada para economizar alguns trocados!
Você tem aqui receitas e ideias para todos os dias e para toda a família, que vai ajudar a variar as refeições de modo saudável, equilibrado... e a um custo baixo. Sempre é possível cozinhar pratos deliciosos e pouco onerosos. Para não negligenciar a qualidade em proveito da quantidade, siga apenas estas regras básicas!

Prefira sempre frutas e legumes da estação. Evite, por exemplo, tomates no auge do inverno, substituindo-os por outros legumes, como batata e nabo. No verão, pelo contrário, a ordem é consumir frutas frescas, em geral, muito mais baratas. Para carnes ou peixes, habitue-se a verificar as gôndolas de congelados dos supermercados, que com frequência apresentam frutos do mar de excelente qualidade (filés de peixe ou mesmo camarões, por exemplo) com melhores preços do que os que estão frescos. Por fim, esteja sempre atento às boas ofertas.

Não jogue nada fora! Seja inventivo e prepare também as sobras. Os legumes se transformarão em sopas reconfortantes. As carnes enriquecerão saladas frias ou se transformarão em saborosos ensopados. E as sobras de quiches farão bonito como aperitivo improvisado!

Ponha a mão na massa! Faça o máximo de coisas você mesmo. Isso resultará em menor gasto: raviólis, nhoques, pão e mesmo iogurtes não necessitam de uma equipe como a de um grande *chef*... uma boa receita e um pouco de astúcia, eis a chave para o sucesso!

Por fim, seja criativo! Monte belos pratos, distribuindo bem os alimentos. Transforme ingredientes básicos e triviais em receitas sofisticadas! Deixe marinar as carnes para amaciá-las e dar-lhes mais sabor, por exemplo.

É isso mesmo! Não se trata de deixar seu prato mais pobre quando sua carteira está vazia! Você tem aqui 30 receitas para 4 pessoas, deliciosas e fáceis de fazer, gastando apenas 25, 40 ou 50 reais por refeição...

R$ 25

Eis aqui a tradicional rabanada em versão salgada e condimentada a gosto: um verdadeiro sucesso! Além disso, é uma maneira criativa de reciclar seu pão amanhecido! Sirva com legumes grelhados ou tiras de bacon tostadas na frigideira.

Rabanada condimentada, erva-doce grelhada e creme de cominho

PREPARO: 15 MIN
COZIMENTO: 45 MIN

PARA 4 PESSOAS
> 6 bulbos pequenos de erva-doce
> azeite de oliva
> 12 fatias de pão amanhecido
> 2 ovos
> 200 ml de leite
> 1 colher (café) de *quatre-épices**
> 15 g de manteiga
> sal e pimenta-do-reino moída na hora

Para o creme de cominho
> 150 ml de creme de leite fresco
> Sal a gosto
> 1 colher (café) de cominho em pó

* Mistura picante de condimentos, composta de pimenta-do-reino branca, cravo-da-índia, gengibre e noz-moscada.

Preaqueça o forno a 180 °C. Lave a erva-doce, enxugue bem e corte-a ao meio. Coloque os pedaços de erva-doce em uma assadeira forrada com papel-manteiga e regue com azeite de oliva. Tempere com sal e pimenta-do-reino. Leve ao forno e cozinhe por 40 minutos, até que a erva-doce esteja bem tostada.

Prepare o creme de cominho. Em uma tigela, bata o creme de leite fresco com um batedor elétrico até estar firme. Adicione sal, acrescente o cominho em pó e bata novamente. Reserve o creme na geladeira até o momento de servir.

Em uma tigela, bata os ovos e adicione o leite. Tempere com sal e pimenta-do-reino e junte o tempero *quatre-épices*.

Derreta a manteiga em uma frigideira, umedeça cada fatia de pão nos ovos batidos e toste por 2 ou 3 minutos de cada lado até estarem bem douradas. Sirva quente, com o creme de cominho reservado e a erva-doce grelhada.

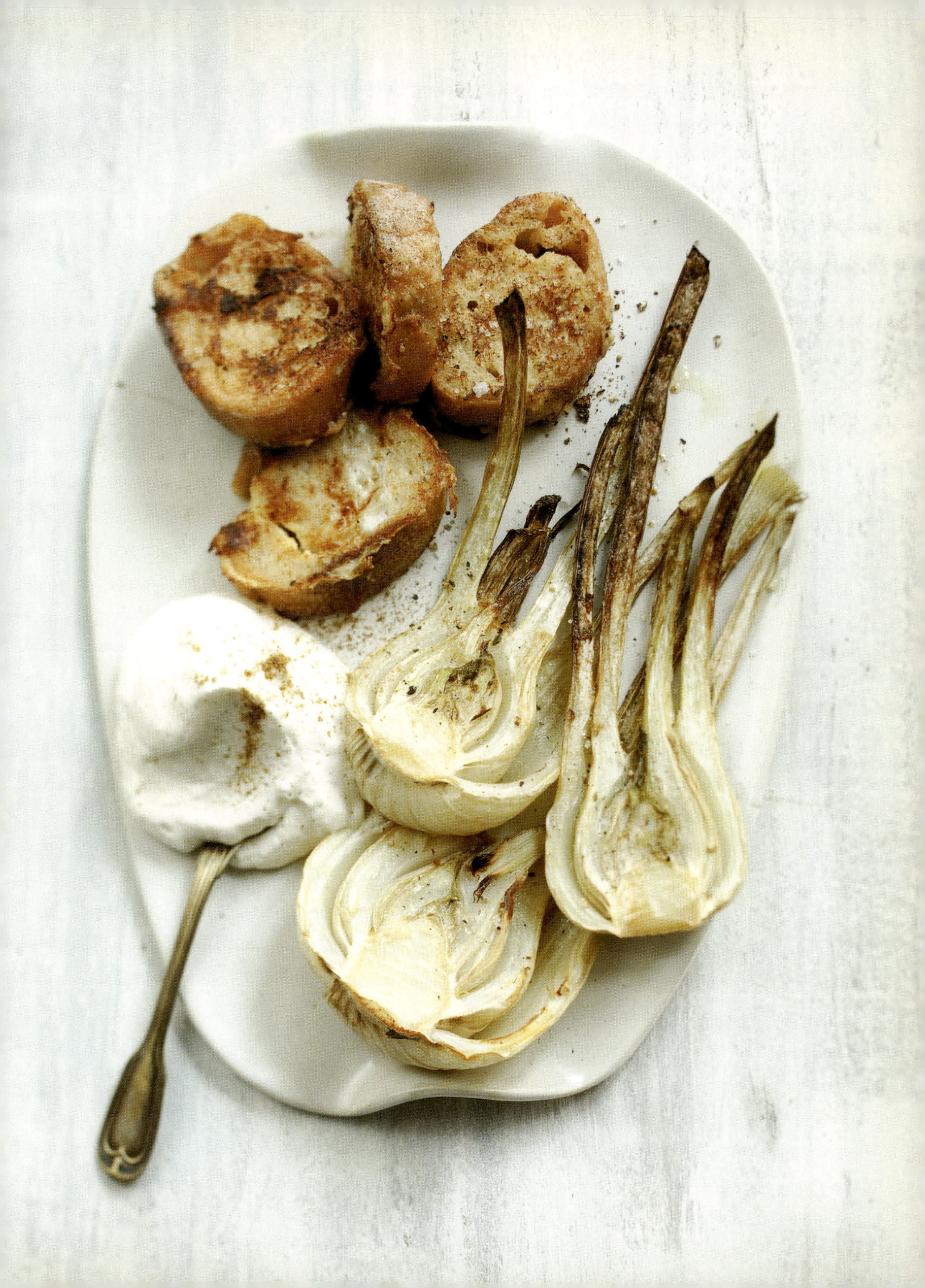

R$ 25

Esta é uma versão pouco tradicional do cuscuz. Legumes pouco convencionais e trigo em grão compõem um delicioso prato para toda a família. Você pode fazer um molho rápido, dourando os tomates e cenouras bem picados com algumas especiarias e um pouco de água.

Cuscuz de trigo com legumes

PREPARO: 10 MIN
COZIMENTO: 40 MIN

PARA 4 PESSOAS
> 2 cebolas roxas
> 4 cenouras
> 8 batatas pequenas
> 4 beterrabas cruas
> 12 champignons
> Azeite de oliva
> 200 g de semolina de trigo duro
> Sal e pimenta-do-reino moída na hora

Preaqueça o forno a 200 °C. Lave todos os legumes. Descasque as cebolas e as cenouras. Corte as cebolas em fatias e os legumes ao meio. Disponha-os em uma assadeira forrada com papel-manteiga e, a seguir, regue-os ligeiramente com um pouco de azeite de oliva. Tempere com sal e pimenta-do-reino, leve ao forno e cozinhe por cerca de 40 minutos, até que estejam bem dourados.

Enquanto isso, leve ao fogo uma panela com bastante água e cozinhe o trigo por 10 minutos. Em seguida, escorra-o.

Em uma travessa, junte os legumes assados e o trigo, tempere a gosto e acrescente um fio de azeite de oliva.

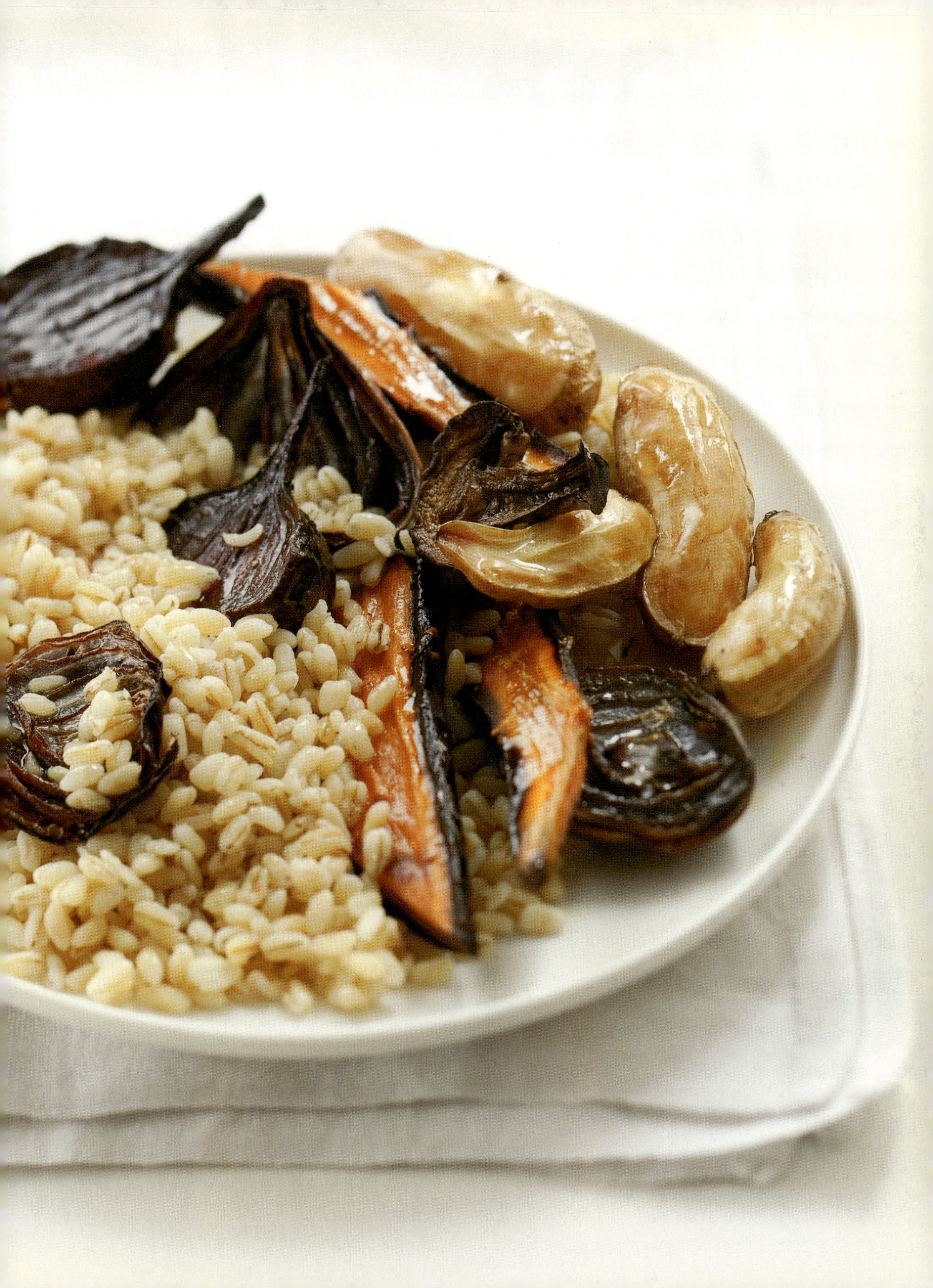

Eis uma adaptação da clássica torta Tatin. Originalmente doce, ela se apresenta aqui em versão salgada para nosso deleite! Não hesite em acrescentar uma colherada de mel aos tomates para lhes dar um leve sabor adocicado!

Tatin de tomates e atum com ervas

PREPARO: 20 MIN
COZIMENTO: 45 MIN

PARA 4 PESSOAS
> 6 tomates holandeses
> 1 colher (sopa) de azeite de oliva
> 1 ramo de alecrim
> 1 disco de massa folhada
> 160 g de atum em conserva
> Sal e pimenta-do-reino moída na hora

Preaqueça o forno a 180 ºC. Lave os tomates e corte-os ao meio. Unte ligeiramente o fundo de uma forma desmontável e, em seguida, salpique as folhas de alecrim. Tempere o tomate com sal e pimenta-do-reino, arranje-o na forma com o lado do corte voltado para cima. Leve ao forno e cozinhe por 20 minutos.

Retire o tomate do forno, recubra-o com a massa folhada, pressionando bem as bordas da massa. Leve ao forno novamente e asse por 25 minutos.

Ao retirar do forno, deixe a torta esfriar por 5 minutos e desenforme-a com cuidado, invertendo-a sobre um prato. Coloque o atum desmanchado no centro da torta e sirva ainda morna, acompanhada de salada verde.

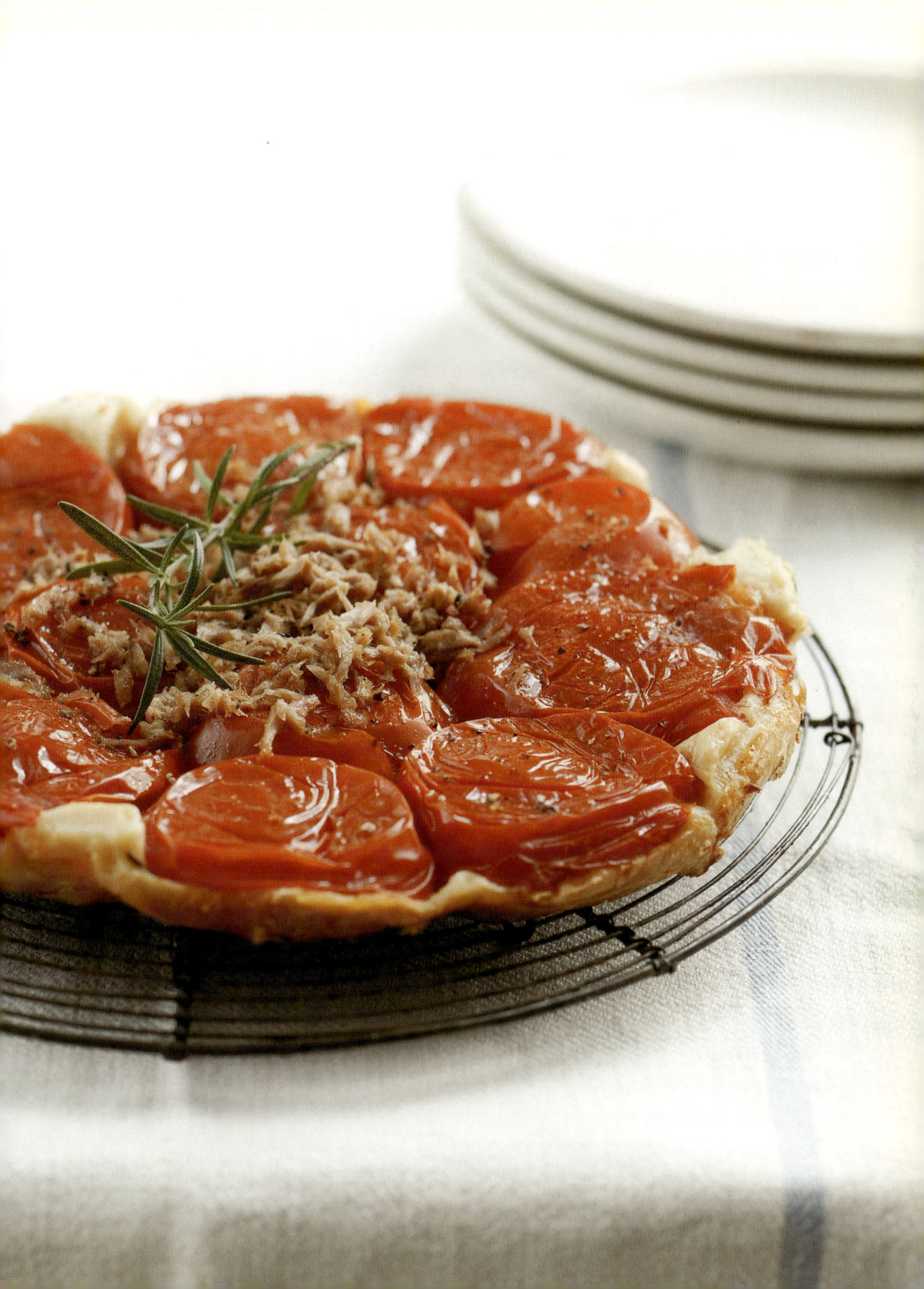

R$ 25

Um prato básico da culinária: massa e alguns legumes...
uma refeição rápida, simples e balanceada! É claro que você pode
variar os legumes de acordo com a estação e seu gosto pessoal.
E não se esqueça de ter sempre um pacote de macarrão em casa!

Macarrão chinês e minilegumes salteados

PREPARO: 20 MIN
COZIMENTO: 20 MIN

PARA 4 PESSOAS

> 150 g de tomate-cereja
> 3 cenouras
> 2 abobrinhas
> 250 g de macarrão oriental
> 200 g de fava congelada
> 2 colheres (sopa) de azeite de oliva
> Sal e pimenta-do-reino moída na hora
> 60 g de cebolete cortada fina
> Molho de soja a gosto

Leve ao fogo duas panelas com água e sal para ferver. Lave os tomates-cereja e corte-os ao meio. Descasque as cenouras. Lave as abobrinhas e corte ambos os legumes em fatias.

Na primeira panela, cozinhe o macarrão. Quando estiver cozido, escorra e reserve.

Na outra panela, jogue as favas ainda congeladas e cozinhe por cerca de 10 minutos depois que recomeçar a ferver. Escorra e passe sob água corrente.

Aqueça o azeite de oliva em uma panela *wok*. Doure as fatias de cenoura e de abobrinha por 5 a 7 minutos. Junte então o tomate-cereja e cozinhe por mais 5 minutos. Incorpore as favas, depois o macarrão e misture tudo, em fogo médio, mexendo com frequência para mesclar os sabores. Tempere com sal e pimenta-do-reino.

Na hora de servir, polvilhe os pratos com a cebolete e acrescente um pouco de molho de soja.

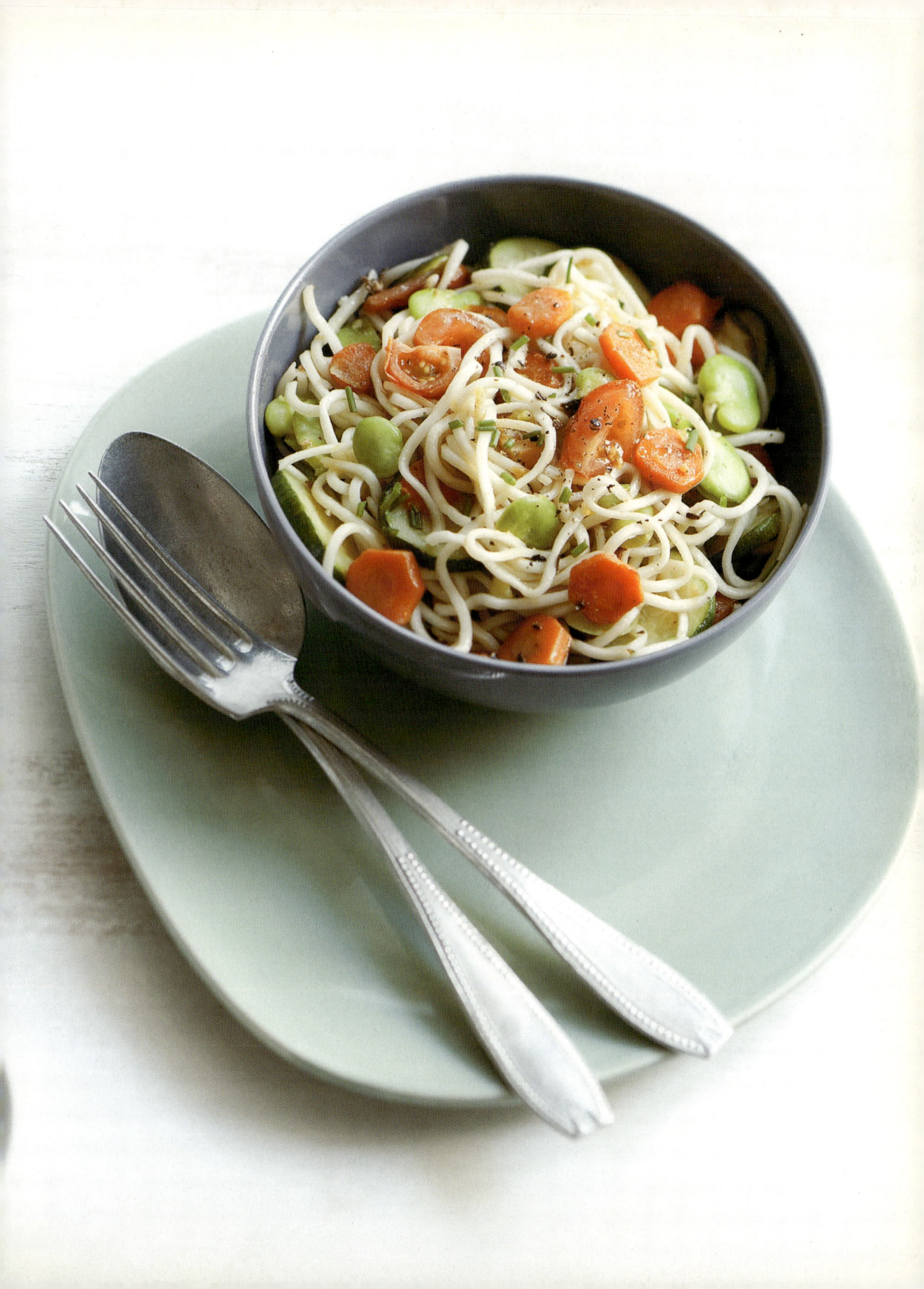

R$ 25

Fazer nhoque em casa é uma verdadeira brincadeira! Gratinados, na frigideira, ou acompanhados por um delicioso molho de tomate caseiro, os nhoques são realmente fáceis de fazer, deliciosos e extremamente econômicos...

Nhoque gratinado com tomate

PREPARO: 30 MIN
COZIMENTO: 55 MIN

PARA 4 PESSOAS

> 1 berinjela
> 4 tomates
> 2 colheres (sopa) de azeite de oliva
  + 1 colher (sopa) para untar a forma
> Sal e pimenta-do-reino moída na hora
> 1 colher (café) de curry em pó
> 60 g de queijo ralado

Para os nhoques

> 500 g de batata
> Sal e pimenta-do-reino
> 100 g de farinha de trigo
> 1 gema
> Sal

Prepare os nhoques: Leve ao fogo uma panela grande com água e sal e deixe ferver. Acrescente as batatas e cozinhe até estarem macias. Deixe esfriar ligeiramente, retire as cascas e amasse as batatas. Tempere com sal e pimenta-do-reino. Acrescente a farinha e a gema e misture até a massa ficar homogênea e dar liga. Sobre uma superfície de trabalho enfarinhada, faça pequenas bolas alongadas de massa. Com uma faca pequena, faça três ou quatro traços sobre os nhoques e reserve.

Leve ao fogo uma panela com água e sal. Quando ferver, acrescente os nhoques e cozinhe até virem à superfície. Escorra e reserve.

Preaqueça o forno a 180 °C. Lave a berinjela, corte-a em fatias e arranje-as no fundo de uma forma refratária untada.
Lave os tomates, retire as sementes e corte-os grosseiramente. Aqueça o azeite de oliva em uma frigideira e refogue o tomate por 5 a 7 minutos. Tempere com sal e pimenta-do-reino, junte o curry e despeje o tomate sobre a berinjela. Recubra com os nhoques e salpique com o queijo ralado.

Leve ao forno e asse por 45 minutos, até dourar o queijo. Sirva bem quente.

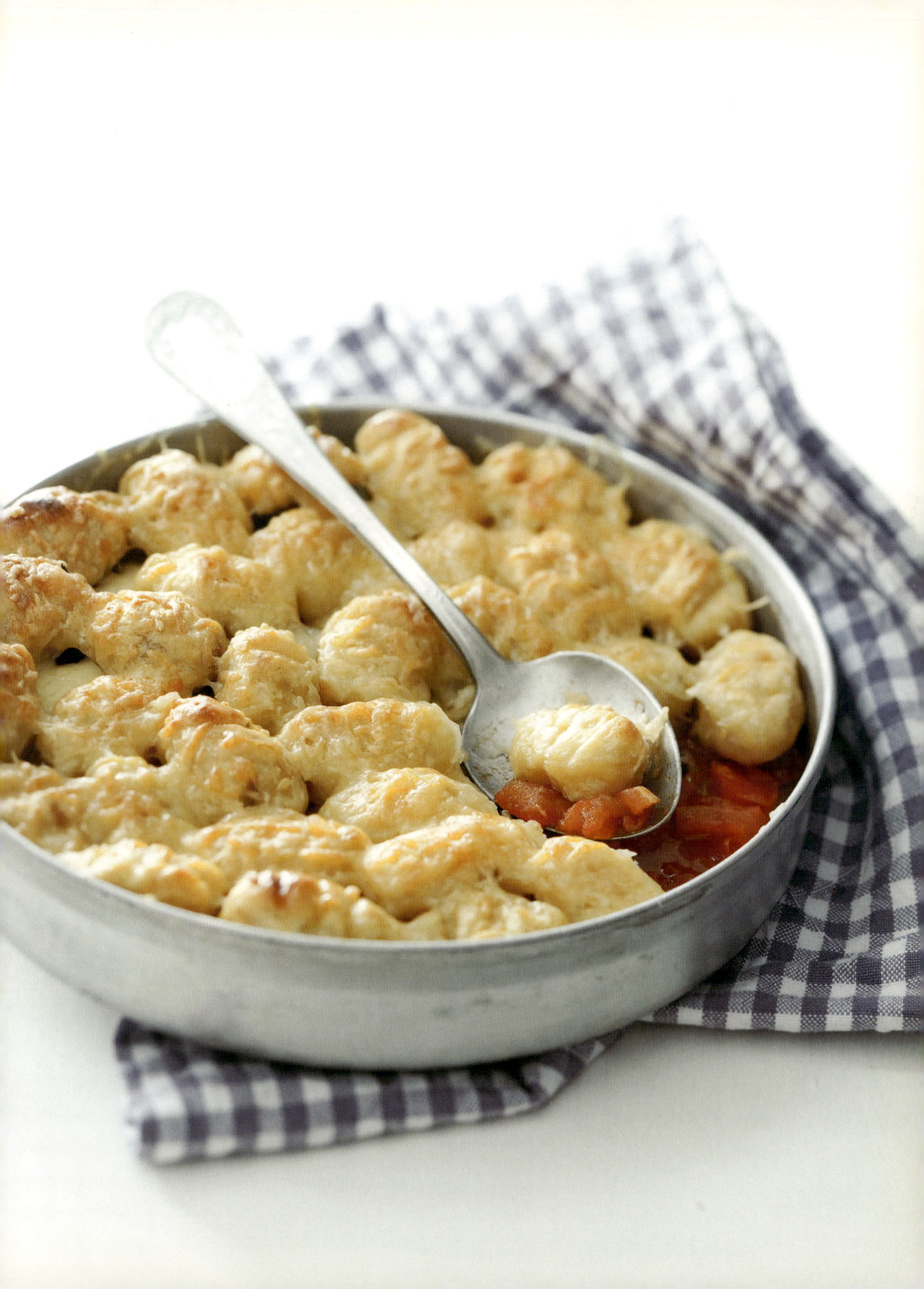

R$ 25

Esta torta é cheia de surpresas: bacon, repolho, compota de cebola e, para completar, queijo Gruyère derretido. Uma receita saborosa que nunca deixou de nos encantar!

Torta de gruyère e cebola roxa

PREPARO: 20 MIN
COZIMENTO: 1 H 5 MIN

PARA 4 PESSOAS

> 300 g de repolho roxo
> 2 cebolas roxas
> 10 g de manteiga
> 2 colheres (café) de açúcar
> 2 colheres (café) de vinagre de vinho tinto
> Sal e pimenta-do-reino moída na hora
> 1 disco de pâte brisée (massa podre)
> 8 fatias de bacon
> 250 g de queijo gruyère ralado

Preaqueça o forno a 180 °C. Corte o repolho roxo em lâminas bem finas. Descasque e corte as cebolas em fatias finas.

Em uma frigideira, derreta a manteiga e salteie a cebola. Quando estiver macia (cerca de 3 minutos), junte o repolho, 150 ml de água, o açúcar e o vinagre. Tempere com sal e pimenta-do-reino e cozinhe por 30 minutos. Reserve.

Estenda a massa sobre uma forma de torta, sobrepondo-a às bordas. Distribua as fatias de bacon no fundo da torta e cubra com o cozido de cebola e repolho frio. Dobre a massa, fazendo um borda, e polvilhe a superfície com o gruyère ralado. Leve ao forno e asse por 35 minutos até que o queijo esteja bem gratinado.

VARIAÇÃO: Pode-se optar por outros tipos de queijo e substituir o bacon por presunto cru ou copa.

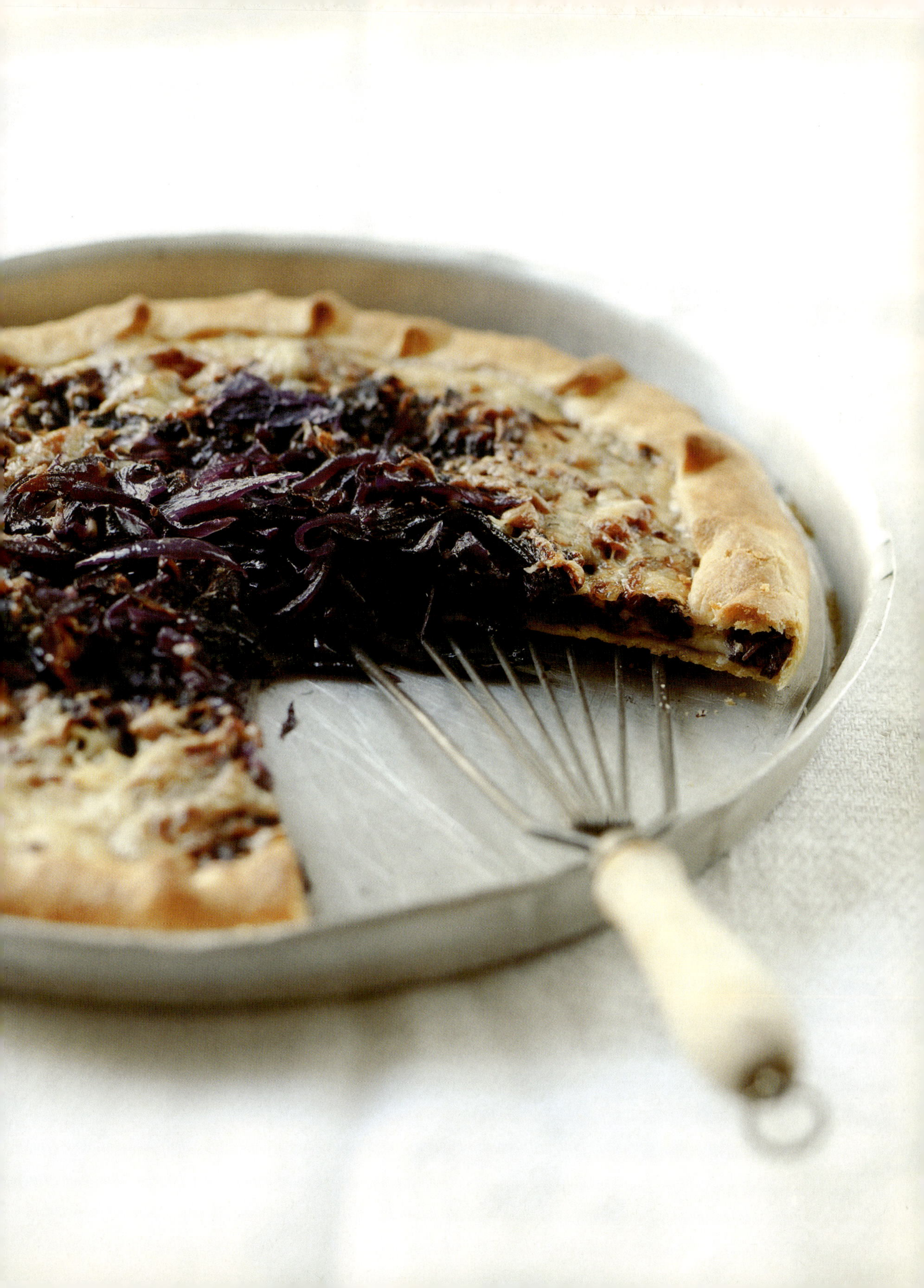

R$ 25

Estas pequenas tortas são uma especialidade do interior da França, onde são chamadas *pâtés* de batata. Para os impacientes e apressados, este nutritivo prato pode ser feito em tamanho família!

Tarteletes de batata

PREPARO: 20 MIN
COZIMENTO: 45 MIN
MARINADA: 1 H

PARA 4 PESSOAS
> 5 batatas médias
> 4 colheres (sopa) de azeite de oliva
> 1 ramo de alecrim
> 100 g de bacon picado
> 2 lâminas de massa folhada
> Sal e pimenta-do-reino moída na hora
> 1 ovo batido
> 200 ml de creme de leite fresco

Descasque as batatas e corte-as em fatias finas. Coloque-as em uma tigela. Tempere com sal e pimenta-do-reino, acrescente o azeite de oliva e as folhinhas de alecrim e deixe marinar na geladeira por pelo menos 1 hora.

Preaqueça o forno a 180 ºC. Aqueça uma frigideira antiaderente e doure o bacon picado.

Forre quatro formas de minitorta com a massa folhada. Distribua as fatias de batata escorrida e, por cima delas, o bacon picado. Tempere com sal e pimenta-do-reino e feche as minitortas com um pequeno disco de massa. Faça um orifício na superfície de cada torta e pincele com o ovo batido.

Leve ao forno e asse por 20 minutos. Em seguida, introduza um pouco do creme de leite batido em cada torta, pelo orifício feito previamente. Deixe assar por mais 25 minutos, até que as tortas estejam bem douradas. Sirva as minitortas acompanhadas de uma salada verde:

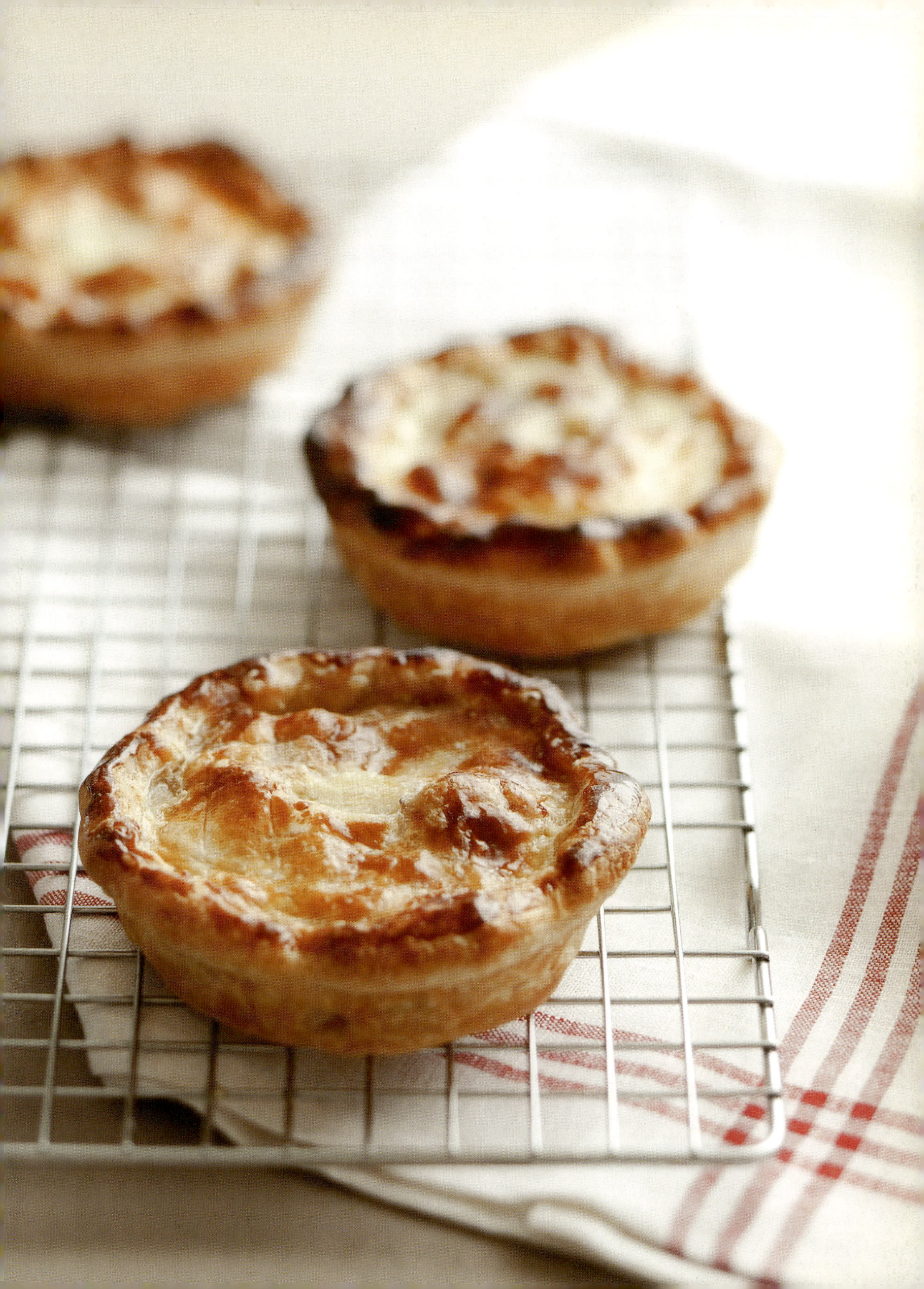

R$ 25

Este prato é muito rápido de fazer, ideal para quando não resta muita coisa na geladeira: leva ovos, creme de leite fresco e sua criatividade! Varie os sabores mudando as guarnições.

Ovos com *chorizo* e estragão

PREPARO: 10 MIN
COZIMENTO: 15 MIN

PARA 4 PESSOAS
> 1 colher (sopa) de óleo
> 4 colheres (sopa) de creme de leite fresco espesso
> 2 ramos de estragão
> 12 fatias de *chorizo* (embutido espanhol parecido ao salame)
> 4 ovos
> Sal e pimenta-do-reino moída na hora

Preaqueça o forno a 200 ºC. Unte ligeiramente quatro ramequins e coloque 1 colher (sopa) de creme de leite em cada um deles.

Lave e corte o estragão com uma tesoura. Distribua as fatias de *chorizo* sobre o creme de cada ramequim e quebre um ovo em cada um deles. Tempere com sal e pimenta-do-reino e polvilhe o estragão picado.

Coloque os ramequins em uma assadeira com água até $2/3$ da altura do ramequim. Leve ao forno e cozinhe por cerca de 15 minutos. Sirva bem quente acompanhado de tiras de pão.

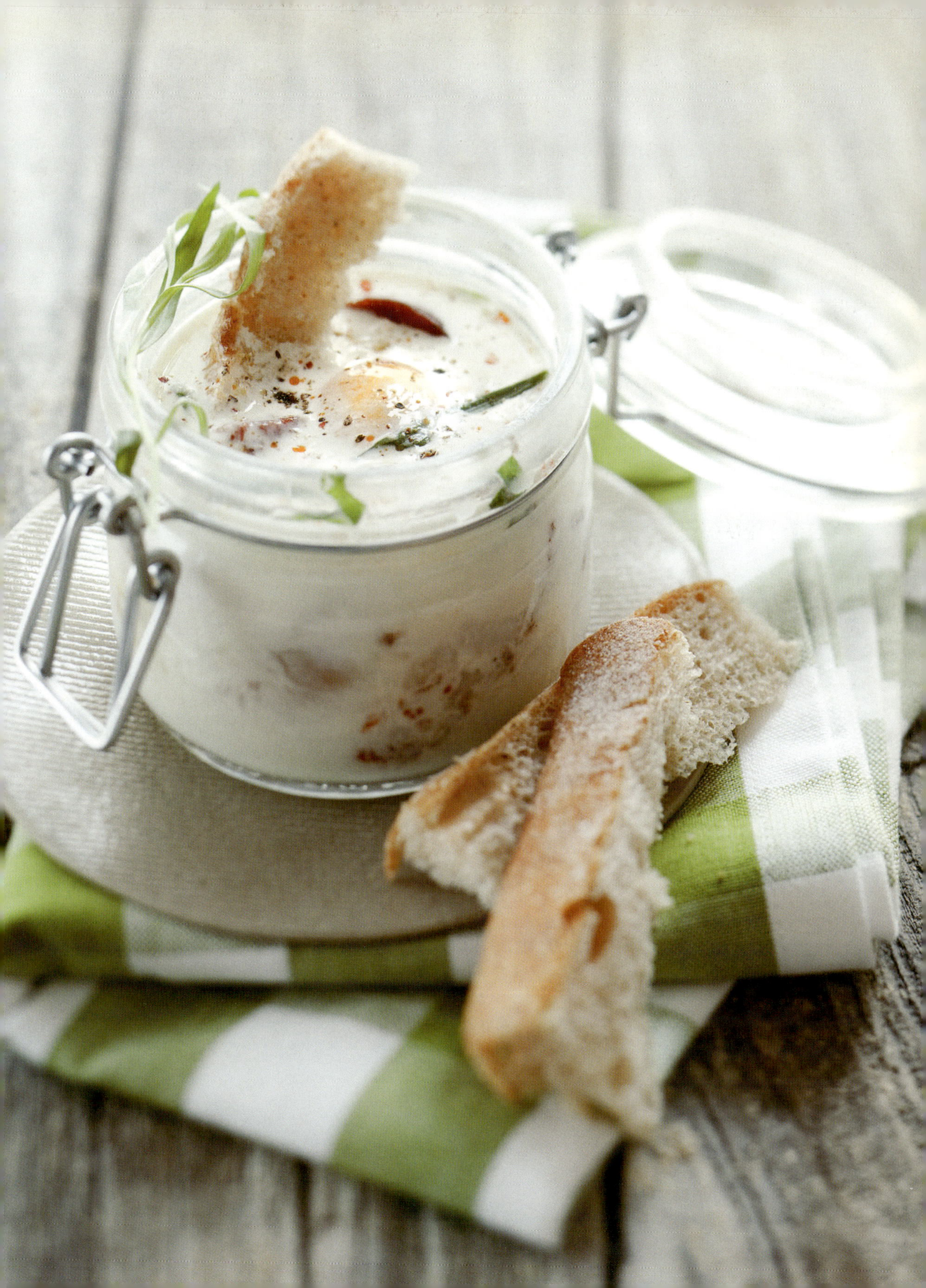

R$ 25

A *frittata* é uma especialidade tipicamente italiana que se assemelha muito à omelette francesa. Quase sempre é recheada por diversos legumes e carnes, mas você pode também simplesmente acompanhá-la de legumes crus ou de salada na hora de servir.

Frittata de presunto e legumes

PREPARO: 15 MIN
COZIMENTO: 15 MIN

PARA 4 PESSOAS
> 150 g de tomate-cereja
> 2 abobrinhas pequenas
> 8 ovos
> 150 g de presunto cortado em cubinhos
> 2 colheres (sopa) de azeite de oliva
> Sal e pimenta-do-reino moída na hora

Lave os legumes. Corte os tomates-cereja ao meio e as abobrinhas em fatias e depois ao meio.

Em uma tigela, quebre os ovos e bata-os com um garfo. Tempere com sal e pimenta-do-reino e junte o presunto.

Aqueça o azeite de oliva em uma frigideira pequena e refogue a abobrinha por 5 a 7 minutos. Junte o tomate-cereja. Derrame então os ovos batidos e cozinhe lentamente até que o centro da *frittata* esteja bem cozido.

Sirva bem quente, com uma salada de *mâche*, por exemplo.

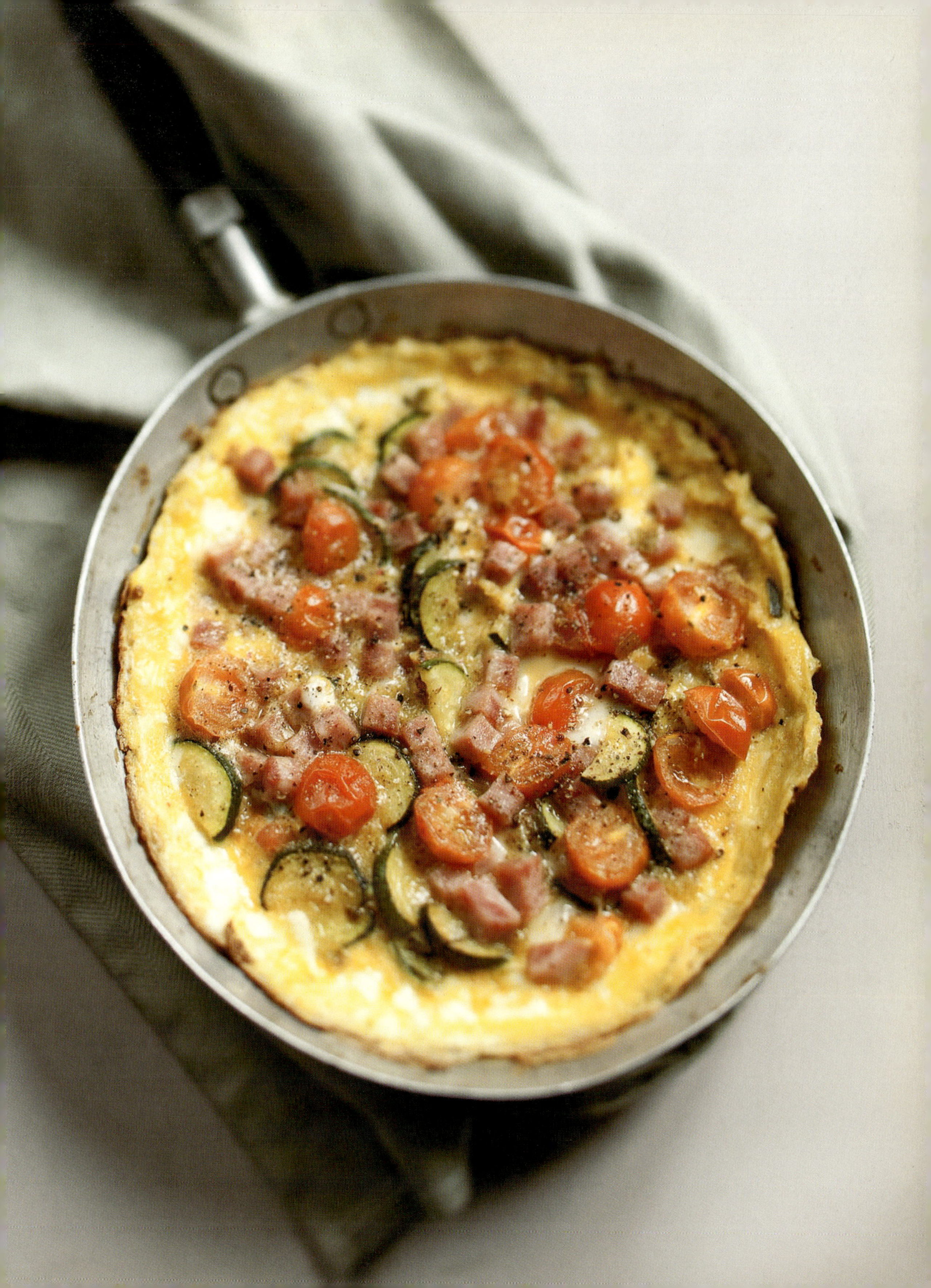

R$ 25

Raviólis? Sim, mas caseiros! Aproveite para fazer uma grande quantidade de uma só vez e congele-os... os raviólis são rápidos de fazer e sobretudo muito econômicos.

Raviólis caseiros

PREPARO: 35 MIN
COZIMENTO: 2 MIN
REFRIGERAÇÃO: 1 H

PARA 4 PESSOAS

Para a massa de ravióli
> 300 g de farinha de trigo
> 3 ovos
> 1 colher (sopa) de azeite de oliva
> Sal e pimenta-do-reino moída na hora

Para o recheio
> 200 g de espinafre fresco
> 150 g de ricota
> 2 colheres (sopa) de azeite de oliva
> 1 ovo
> 10 g de manteiga

Para o molho
> 200 ml de creme de leite fresco
> 1 colher (café) de pimenta rosa
> ½ maço de cebolete

Prepare a massa de ravióli. Em uma tigela, despeje a farinha de trigo. Bata os ovos como para uma omelete e junte à farinha. Misture bem e acrescente uma colher (sopa) de água e o azeite de oliva. Tempere com sal e pimenta-do-reino e amasse tudo a fim de obter uma bola de massa bem lisa e elástica. Embrulhe a massa em filme plástico e leve à geladeira por pelo menos 1 hora.

Enquanto isso, prepare o recheio. Lave o espinafre, destaque as folhas e pique-as finamente. Em uma tigela, desmanche a ricota com o garfo, junte o azeite de oliva e o ovo e tempere com sal e pimenta-do-reino. Derreta a manteiga em uma frigideira, adicione o espinafre picado, refogue por 1 ou 2 minutos e junte à ricota temperada.

Faça os raviólis. Sobre a superfície de trabalho enfarinhada estenda a massa até obter quatro retângulos de espessura fina. Enfarinhe uma forma para raviólis e coloque nela o primeiro retângulo de massa. Pressione a massa em cada cavidade da forma e acrescente o recheio de ricota. Acrescente o segundo retângulo de massa, alise a superfície e pressione com o rolo de macarrão para fixar as bordas do ravióli. Retire-os da forma e repita a operação com o restante da massa e do recheio.

Leve ao fogo uma caçarola com água e sal. Quando ferver, adicione os raviólis e deixe cozinhar por 2 minutos. Escorra e, em outra caçarola, prepare o molho. Aqueça o creme de leite fresco batendo sempre para ganhar volume (ficar espumoso). Adicione então a pimenta rosa e tempere com sal e pimenta-do--reino. Junte os raviólis para aquecê-los no molho. Na hora de servir, salpique a cebolete cortada com tesoura.

VARIAÇÃO: Você pode substituir o recheio dos raviólis de acordo com sua preferência, por exemplo, com tomate, mussarela ou carne à bolonhesa...

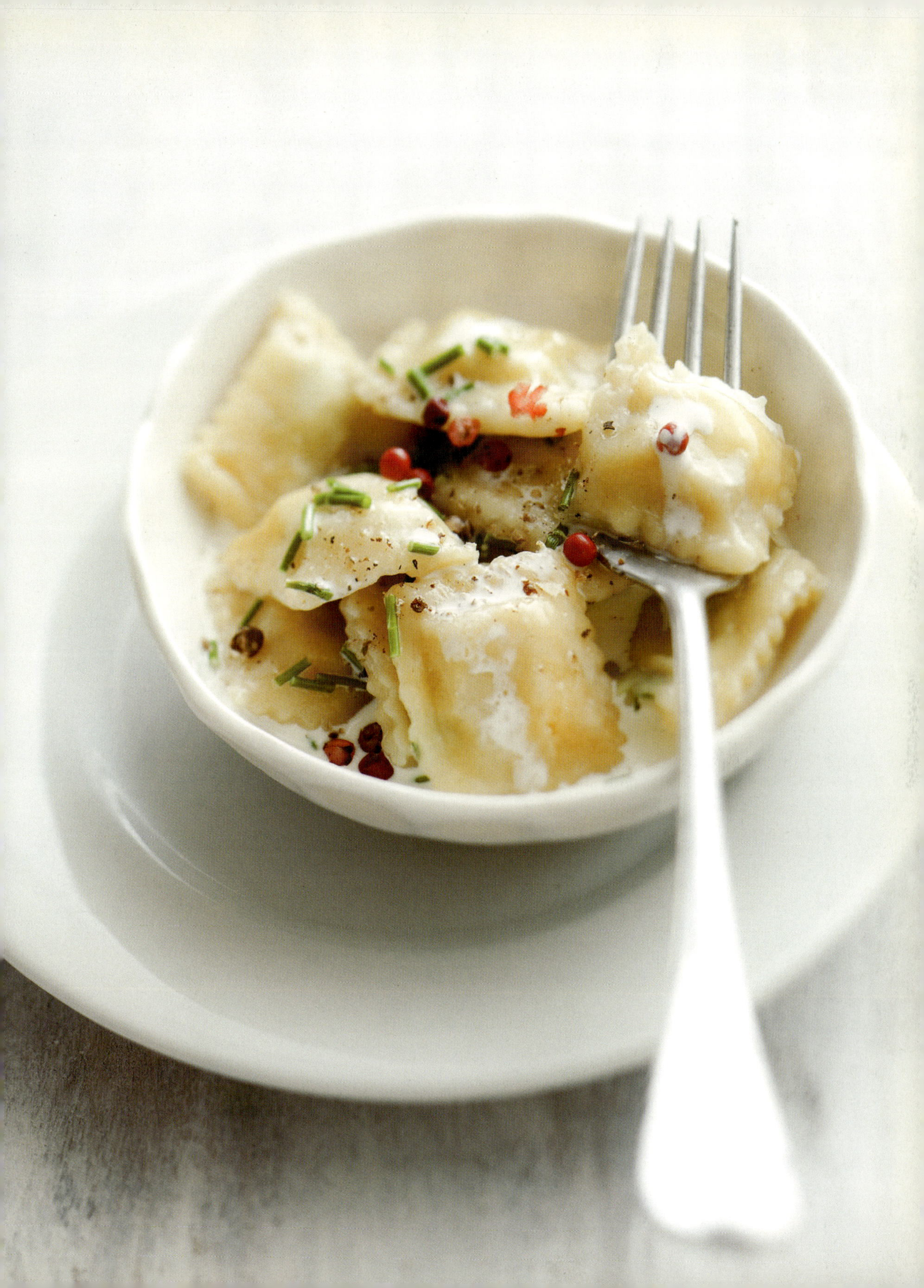

Se você tiver tempo, pode preparar em casa esta carne à bolonhesa, juntando à carne moída tomates sem pele e cebola cortada em fatias finas. Nada impede que você ganhe tempo e prepare várias abobrinhas recheadas com antecedência e congele-as ainda cruas.

Pequenas notáveis recheadas com arroz e especiarias

PREPARO: 25 MIN
COZIMENTO: 40 MIN

PARA 4 PESSOAS

> 4 abobrinhas redondas
> 4 cebolas roxas
> 1 colher (sopa) de azeite de oliva
> 200 g de carne moída
> 75 g de arroz
> Pimenta de Espelette
> Sal e pimenta-do-reino moída na hora

Lave as abobrinhas e retire as primeiras camadas das cebolas. Corte a tampa das abobrinhas e reserve-as. Corte a tampa da cebola roxa e reserve-a em lugar fresco e coberto com papel-alumínio. A seguir, retire delicadamente a polpa das abobrinhas e pique-a em cubos. Retire o centro das cebolas e pique finamente.

Aqueça o azeite de oliva em uma frigideira e refogue a cebola picada. Junte então a carne moída e cozinhe por cerca de 10 minutos. Preaqueça o forno a 180 °C.

Enquanto isso, leve ao fogo uma panela com água e sal. Quando ferver, acrescente o arroz e cozinhe por 5 minutos. Escorra e misture metade do arroz à carne refogada. Junte a abobrinha em cubos, tempere com sal e pimenta-do-reino e acrescente a pimenta de Espelette em pedacinhos.

Recheie a cavidade de cada legume com o restante do arroz e complete com a mistura de carne e arroz. Cubra com as tampas reservadas e arranje-os em uma assadeira forrada com papel-manteiga. Leve ao forno para assar por 30 minutos. Sirva bem quente.

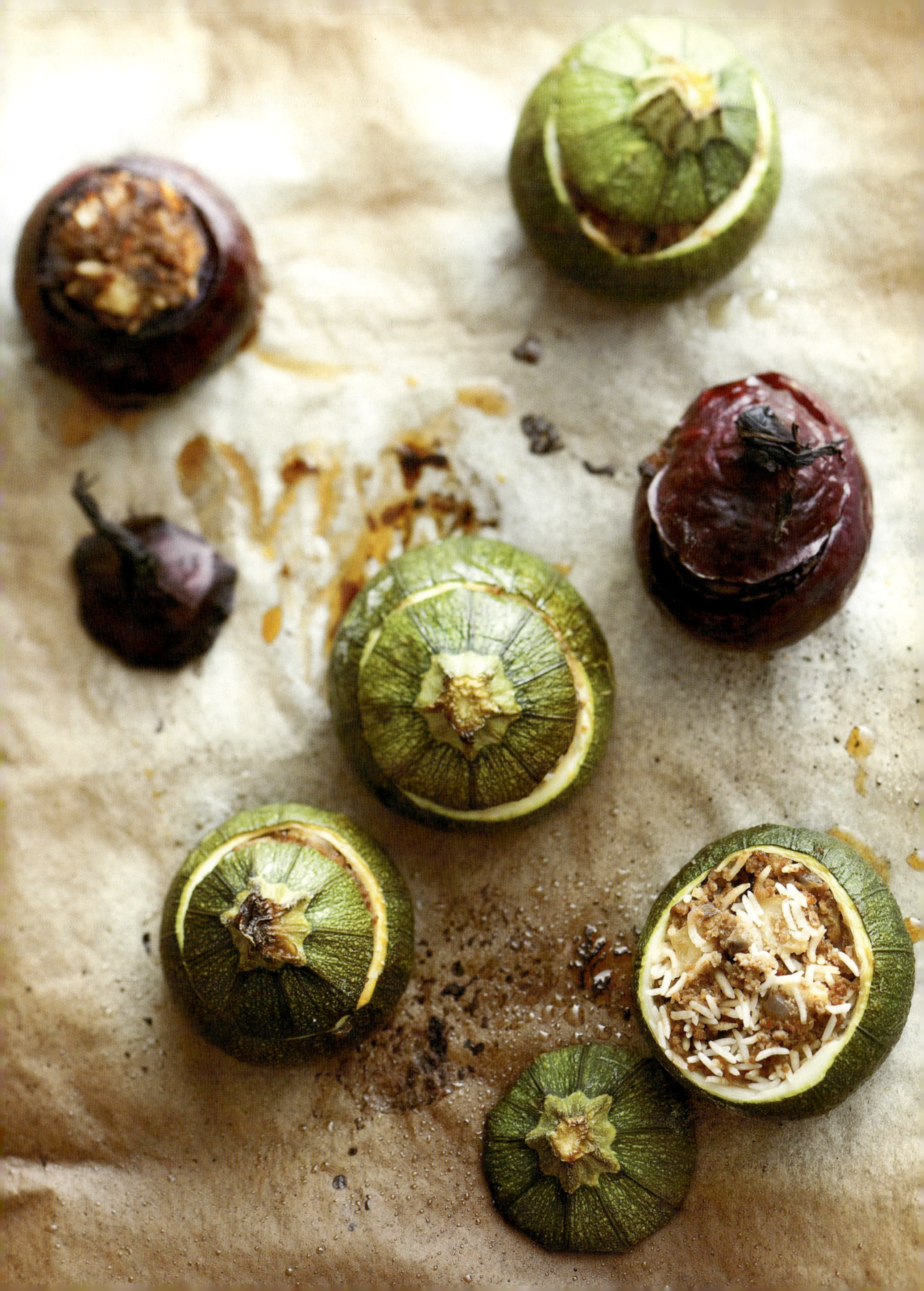

Sauté de tofu marinado com legumes

R$ 40

PREPARO: 20 MIN
COZIMENTO: 20 MIN
MARINADA: 2 H

PARA 4 PESSOAS

> 250 g de tofu firme
> 3 cenouras
> 3 cebolinhas verdes
> 1 pimentão vermelho
> 2 abobrinhas pequenas
> 2 colheres (sopa) de óleo
> 2 colheres (sopa) de sementes de gergelim
> Sal e pimenta-do-reino moída na hora

Para a marinada
> 1 cebola pequena
> 3 colheres (sopa) de molho de soja
> Suco de 1 limão-siciliano

Prepare a marinada. Corte a cebola em fatias finas e misture-as em uma tigela com o molho de soja e o suco de limão. Corte o tofu em cubos e junte-os à marinada. Leve tudo à geladeira por pelo menos 2 horas.

Lave os legumes. Descasque e corte as cenouras em fatias, pique as cebolinhas com a tesoura, corte o pimentão em quadradinhos e as abobrinhas em pedaços maiores.

Quando o tofu estiver marinado, aqueça o óleo em uma frigideira e refogue os legumes em fogo baixo, por cerca de 10 minutos, tomando cuidado para que permaneçam crocantes. Tempere a gosto.

Em outra frigideira, doure os cubos de tofu escorridos. Quando estiverem dourados, junte-os aos legumes com a marinada e cozinhe por cerca de 10 minutos. Verifique o tempero e, na hora de servir, salpique as sementes de gergelim.

Kaftas de hortelã e bulgur

PREPARO: 30 MIN
COZIMENTO: 20 MIN

PARA 4 PESSOAS

> 150 g de bulgur
> 6 damascos secos hidratados
> 30 g de avelã inteira
> 30 g de uva-passa
> Suco de 1 limão
> 5 colheres (sopa) de azeite de oliva
> Óleo de amêndoa (opcional)
> ½ cebola roxa
> ½ maço de hortelã fresca
> 1 colher (café) de canela em pó
> 1 colher (sopa) rasa de cominho em pó
> 1 ovo
> 350 g de carne moída
> Sal e pimenta-do-reino moída na hora

Prepare a salada de bulgur. Leve ao fogo uma panela com água e sal e cozinhe o bulgur por 10 minutos, em fogo baixo. Enquanto isso, corte os damascos em pedaços pequenos e triture as avelãs. Escorra o bulgur e coloque-o em uma tigela. Acrescente o damasco, a avelã e a uva-passa. Junte o suco de limão, 3 colheres (sopa) de azeite e o óleo de amêndoa, se decidiu usá-lo. Tempere com sal e pimenta-do-reino.

Prepare as bolinhas de carne. Corte a cebola em fatias finas; lave e corte com tesoura a hortelã. Em uma tigela, misture a cebola, a hortelã, a canela e o cominho, o ovo e a carne moída. Amasse com as mãos, tempere com sal e pimenta-do-reino e faça bolinhas do tamanho de uma noz.

Aqueça o restante do óleo em uma frigideira e frite as bolinhas de carne por cerca de 5 minutos, até que estejam bem douradas. Sirva quente com a salada de bulgur.

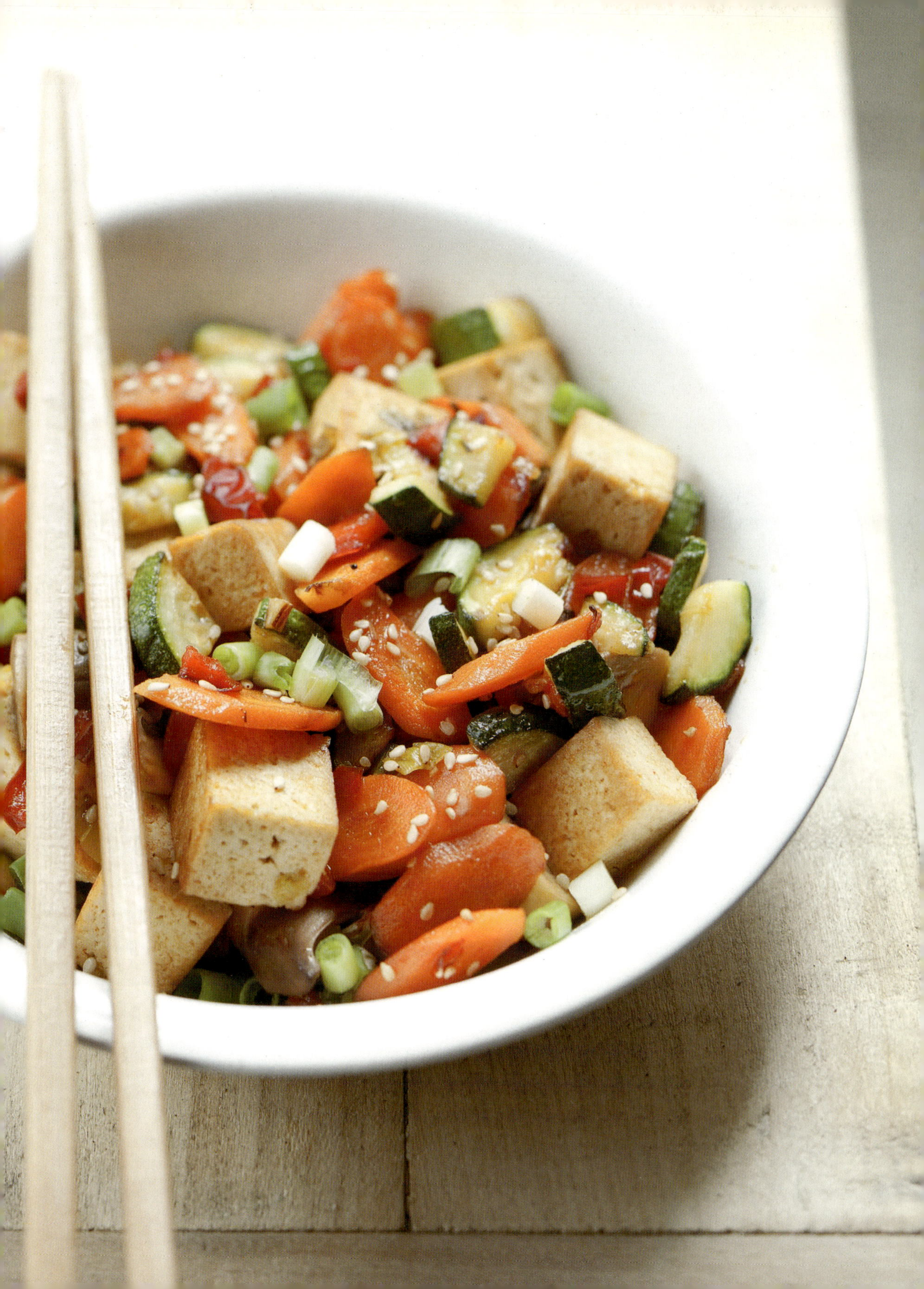

R$ 40

De poucas calorias, muito sabor e de custo baixo, a abóbora é largamente empregada em cozidos, refogados, sopas, purês, nhoques, pães, bolos e doces secos e cremosos, além de rechear massas e tortas. Aqui, ela é parte fundamental desta deliciosa salada que vai agradar a todos!

Salada de repolho com abóbora-menina e linguiça defumada

PREPARO: 20 MIN
COZIMENTO: 15 MIN

PARA 4 PESSOAS

> 1 abóbora-menina pequena
> ½ repolho roxo
> 100 g de trigo em grãos
> 2 linguiças calabresa defumadas
> 15 g de manteiga
> 40 g de semente de abóbora
> 2 colheres (sopa) de óleo de soja
> 1 colher (sopa) de azeite de oliva
> Sal e pimenta-do-reino moída na hora

Corte a abóbora em fatias e retire as sementes. Corte o repolho roxo em lâminas finas.

Leve ao fogo duas panelas com água. Quando ferver, na primeira, cozinhe o trigo por 10 minutos. Na segunda, mergulhe a linguiça, também por 10 minutos.

Enquanto isso, derreta a manteiga em uma frigideira e doure as fatias de abóbora de ambos os lados, por 3 a 4 minutos. Por fim, em uma frigideira sem gordura, toste as sementes de abóbora por 2 minutos.

Em uma tigela, misture o repolho roxo com o trigo cozido e escorrido e as sementes de abóbora tostadas. Tempere com sal e pimenta-do-reino e regue com o óleo de soja e o azeite de oliva. Corte as linguiças em fatias. Sirva a salada com a linguiça fatiada e as fatias de abóbora.

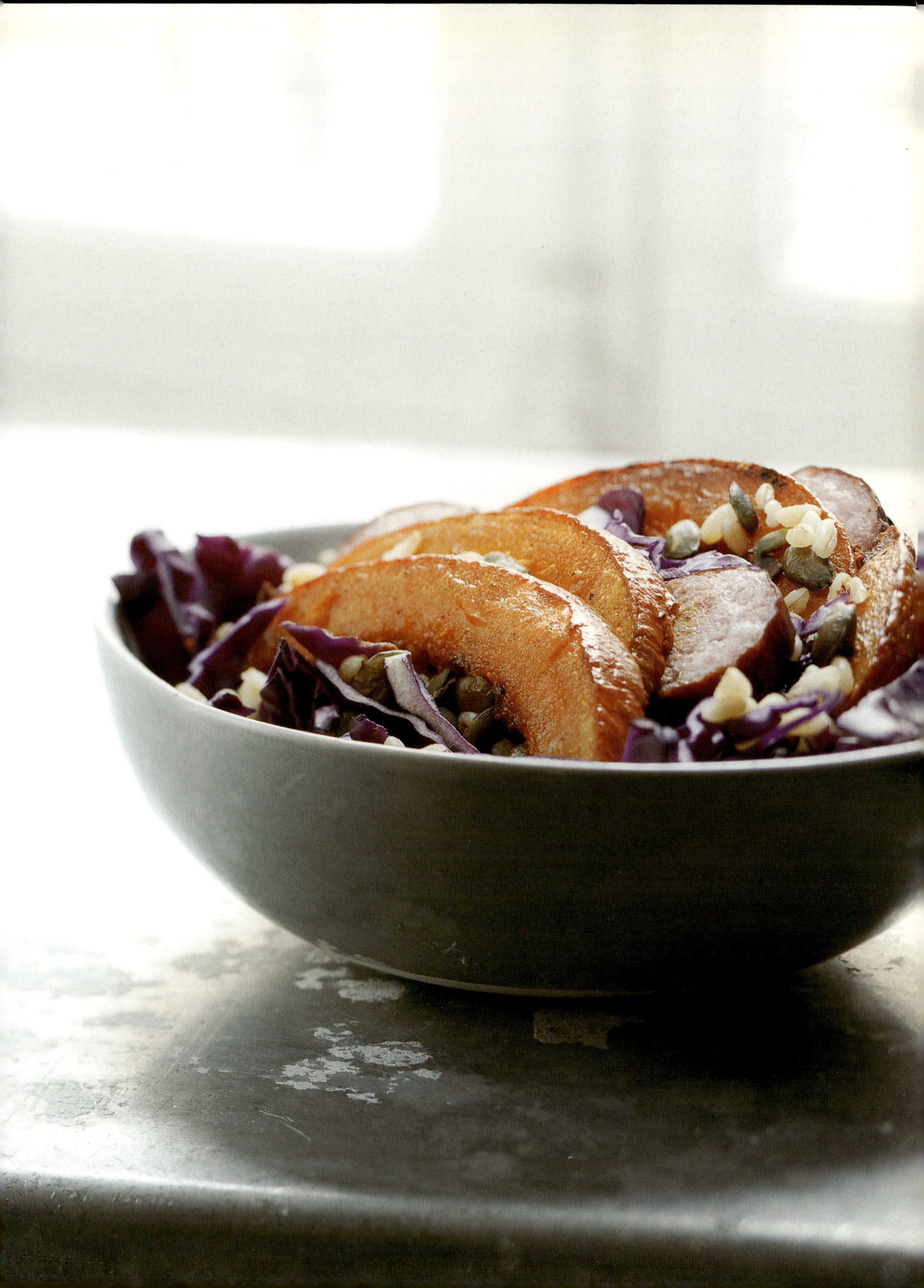

R$ 40

A *quesadilla* é um prato tipicamente mexicano composto de tortilhas de farinha de trigo ou de milho com queijo derretido. Faça essa receita de acordo com sua preferência, variando a guarnição, mas sobretudo os queijos!

Quesadillas de carne com tomate e queijo

PREPARO: 20 MIN
COZIMENTO: 40 MIN

PARA 4 PESSOAS

> 3 tomates
> 200 g de cogumelo-de-paris fresco
> 1 cebola
> 4 colheres (sopa) de azeite de oliva
> 400 g de carne moída
> 1 colher (sopa) rasa de *ras el hanout**
> 8 tortilhas de farinha de trigo
> 300 g de queijo ralado
> Sal e pimenta-do-reino moída na hora

* Famosa mistura marroquina que leva pimenta-do-reino, coentro, cominho, cravo, cardamomo, cúrcuma, gengibre, sal, canela, pimenta-malagueta e flores secas.

Corte os tomates em cubos, os cogumelos em fatias médias e a cebola em fatias finas.

Em uma frigideira, aqueça 2 colheres (sopa) de azeite de oliva e doure a cebola. Junte o cogumelo e depois o tomate. Tempere com sal e pimenta-do-reino e cozinhe em fogo baixo por cerca de 10 minutos.

Em outra frigideira, aqueça o restante do azeite de oliva e junte a carne moída. Tempere com o *ras el hanout*, sal e pimenta-do-reino e cozinher por 5 a 10 minutos.

Quando as duas preparações estiverem cozidas, coloque 4 tortilhas sobre a superfície de trabalho. Ponha, sucessivamente, uma camada de legumes e de carne sobre cada tortilha e espalhe por cima o queijo ralado. Feche com as outras tortilhas.

Aqueça bem uma frigideira para crepes e toste as tortilhas, sem gordura, por 3 minutos de cada lado. Corte-as em quatro partes e sirva com uma salada de quatro folhas.

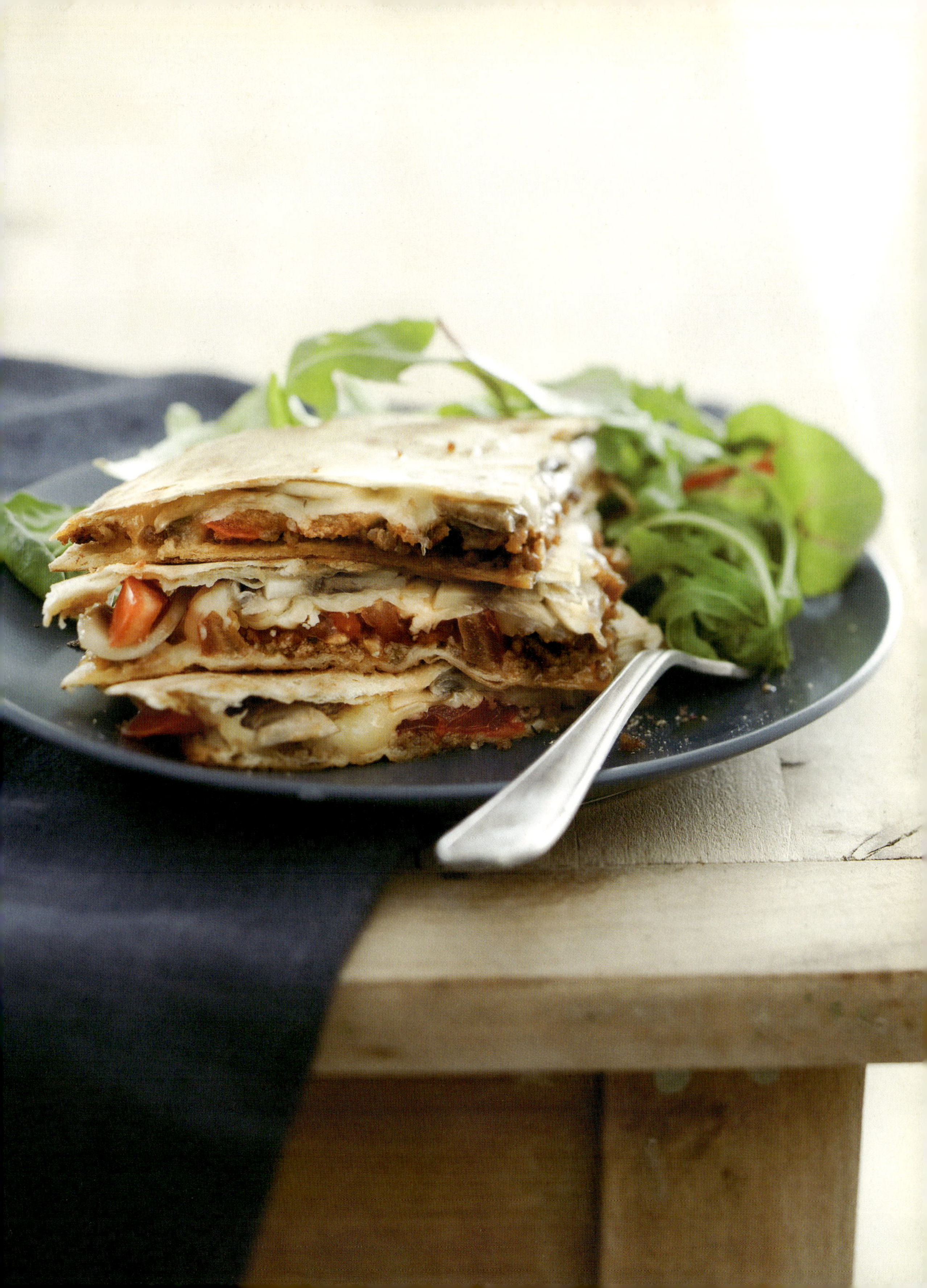

Aficionados por almôndegas de carne, as de frango, leves e temperadas, são uma alternativa para degustar com um molho de iogurte. Rápido e acessível... um prato de sabor inesperado!

Bolinhos de frango com semolina e azeitonas

PREPARO: 25 MIN
COZIMENTO: 10 MIN
REFRIGERAÇÃO: 1 H

PARA 4 PESSOAS

> 4 filés de frango pequenos
> 250 ml de leite
> 100 g de azeitona preta
> 100 g de azeitona verde
> 2 ovos batidos
> Sal e pimenta-do-reino moída na hora
> 1 colher (café) de *ras el hanout**
> 30 g de farinha de trigo
> 50 g de farinha de rosca
> 250 g de semolina para cuscuz
> 2 colheres (sopa) de azeite de oliva
> 20 g de manteiga

Para o molho

> ½ maço de coentro fresco
> Suco de 1 limão
> 1 copo de iogurte

* Famosa mistura marroquina que leva pimenta-do-reino, coentro, cominho, cravo, cardamomo, cúrcuma, gengibre, sal, canela, pimenta-malagueta e flores secas.

Coloque os filés de frango no leite e deixe descansar por 1 hora na geladeira, para amaciar a carne.

Prepare o molho. Lave o coentro e corte com a tesoura. Misture o suco de limão, o coentro e o iogurte. Escorra a carne de frango, enxugue-a e passe-a no processador de alimentos. Corte as azeitonas em fatias e junte-as à carne com o ovo batido. Tempere com sal e pimenta-do-reino e acrescente o *ras el hanout*. Coloque a farinha de trigo e a farinha de rosca em dois recipientes diferentes. Forme as almôndegas com a massa de frango (junte 1 colher de sopa de farinha de trigo, se a mistura estiver muito mole para enrolar). Passe as almôndegas pela farinha de trigo e em seguida pela farinha de rosca.

Aqueça 400 ml de água. Coloque a semolina em uma tigela. Quando a água ferver, despeje-a sobre a semolina, cubra a tigela com um guardanapo limpo e deixe hidratar por 5 minutos. Enquanto isso, aqueça o azeite de oliva em uma frigideira e doure bem as almôndegas de frango, por 5 a 10 minutos.

Quando a semolina estiver hidratada, salpique-a com cubinhos de manteiga e misture com um garfo. Tempere com sal e pimenta-do-reino e sirva com as almôndegas de frango e o molho de iogurte.

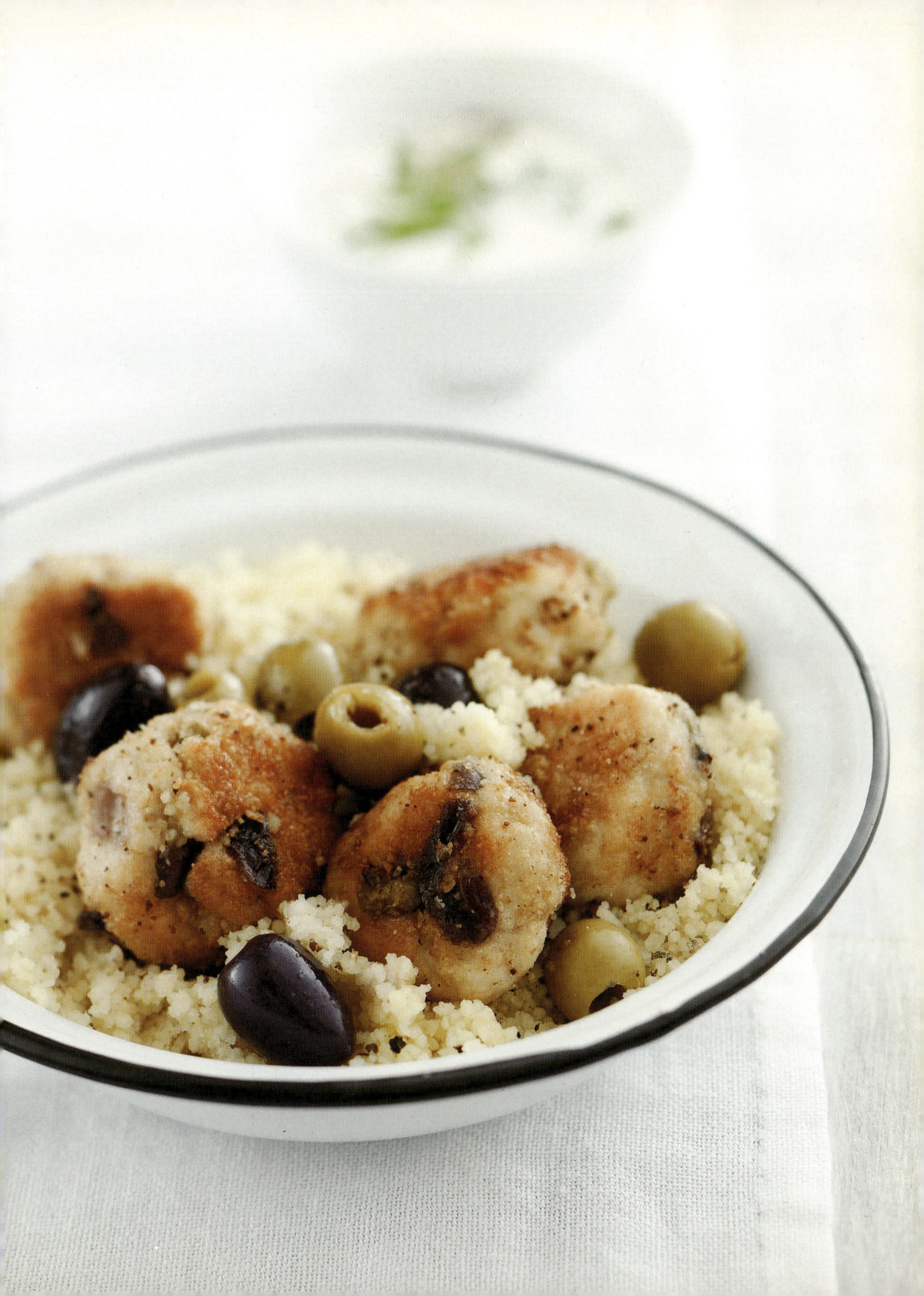

R$ 40

Este prato doce e salgado é ao mesmo tempo rápido e econômico. Ideal para toda a família, não exige muita preparação. Junte, se quiser, alguns legumes na panela *wok*, tomates ou abobrinhas, por exemplo.

Wok de carne de porco com abacaxi

PREPARO: 15 MIN
COZIMENTO: 30 MIN
DESCONGELAMENTO: 2 H

PARA 4 PESSOAS
> 300 g de abacaxi
> 1 cebola
> 2 dentes de alho
> 1 pedaço de gengibre
> 800 g de carne de porco
> 2 colheres (sopa) de azeite de oliva
> 1 colher (sopa) de pimenta rosa
> 2 colheres (sopa) de mel
> ½ cubo de caldo de legumes
> 1 colher (sopa) de curry em pó
> 2 colheres (sopa) de molho de soja
> Sal e pimenta-do-reino moída na hora

Corte a cebola, o alho e o gengibre em fatias finas. Corte a carne de porco em pedaços. Em um *wok*, aqueça o azeite de oliva e doure os pedaços de carne, de todos os lados. Retire-os da *wok* e reserve. Junte na *wok* a cebola, o alho e o gengibre, em seguida a pimenta rosa, o mel, 200 ml de água, o caldo de legumes, o curry e o molho de soja. Misture bem e acrescente a carne reservada. Deixe cozinhar em fogo baixo por 20 minutos.

Corte o abacaxi em pedaços e coloque-os na panela *wok* e cozinhe por mais 10 minutos, reduzindo o líquido para que os pedaços de abacaxi se caramelizem ligeiramente.

Tempere a gosto com sal e pimenta-do-reino. Sirva bem quente, acompanhado de arroz basmati.

DICA: Se sobrar abacaxi, prepare uma sobremesa, passando a fruta na frigideira com um pouco de mel para caramelizar, e sirva com uma porção de sorvete de creme.

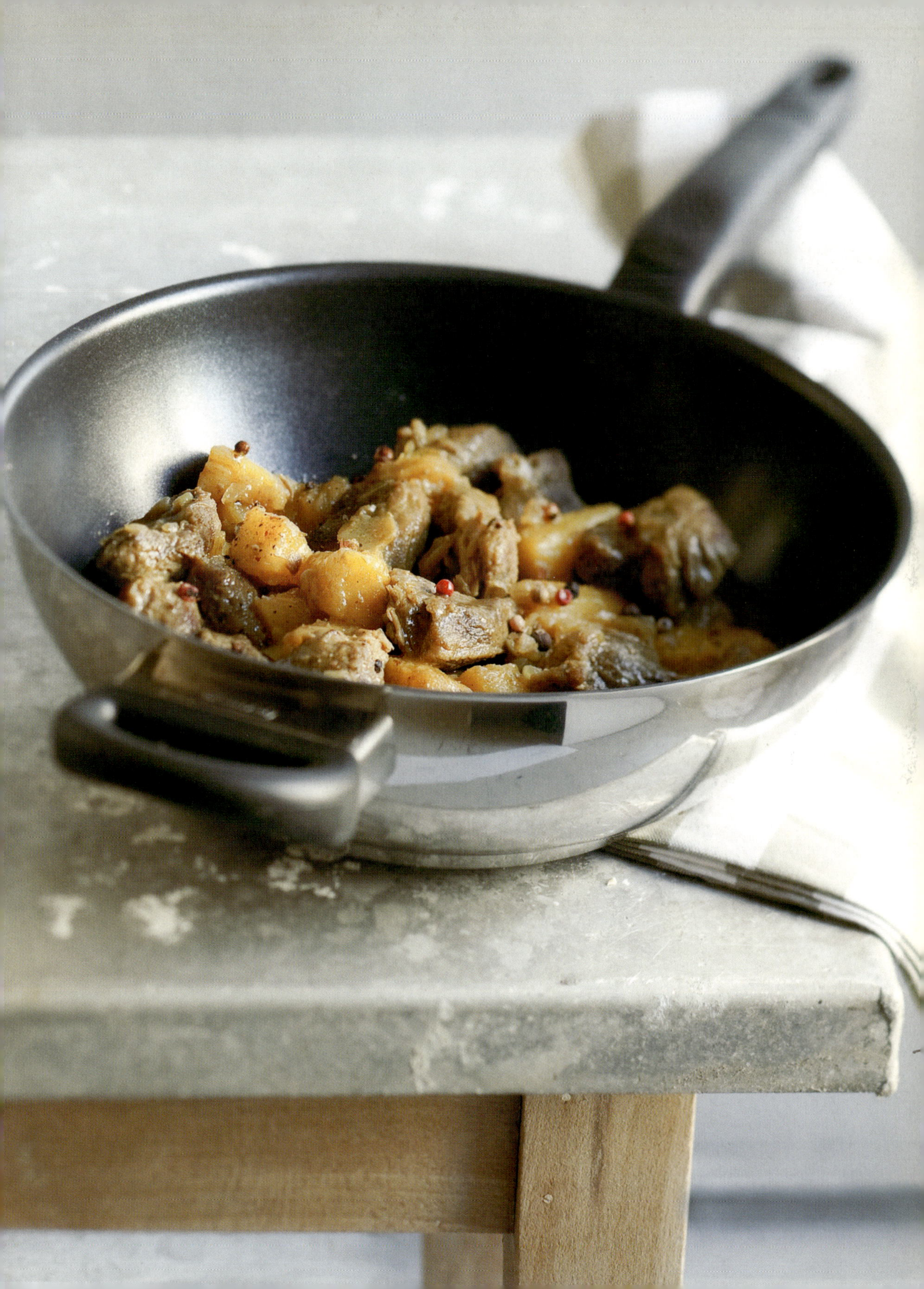

R$ 40

Deixe de lado as sardinhas em lata! Se você não costuma comer sardinhas assadas ou fritas, faça belos papillotes, apetitosos e deliciosos para refeições equilibradas.

Papillotes de sardinhas

PREPARO: 15 MIN
COZIMENTO: 25 MIN

PARA 4 PESSOAS

> 150 g de arroz de jasmim (arroz tailandês)
> 12 sardinhas frescas limpas e descamadas
> 2 limões-siciliano
> 10 ramos de tomilho fresco
> 2 colheres (sopa) de azeite de oliva
> Sal e pimenta-do-reino moída na hora

Preaqueça o forno a 180 °C. Leve uma panela ao fogo com água e sal. Quando ferver, acrescente o arroz e cozinhe por 10 minutos. Escorra.

Lave as sardinhas e retire a cabeça. Corte quatro quadrados de papel-manteiga e reparta o arroz entre os quadrados de papel. Tempere com sal e pimenta-do-reino. Corte o limão em lâminas e coloque-as sobre o arroz. Por fim, arranje as sardinhas sobre o limão e em seguida os ramos de tomilho. Tempere com pimenta-do-reino, regue com um fio de azeite de oliva e feche os *papillotes*, mantendo-os presos com palitos de dentes.

Leve ao forno por cerca de 15 minutos para que a sardinha cozinhe completamente. Sirva bem quente.

DICA: Acrescente alguns legumes finamente cortados no fundo do *papillote* para ter uma refeição mais completa e saudável.

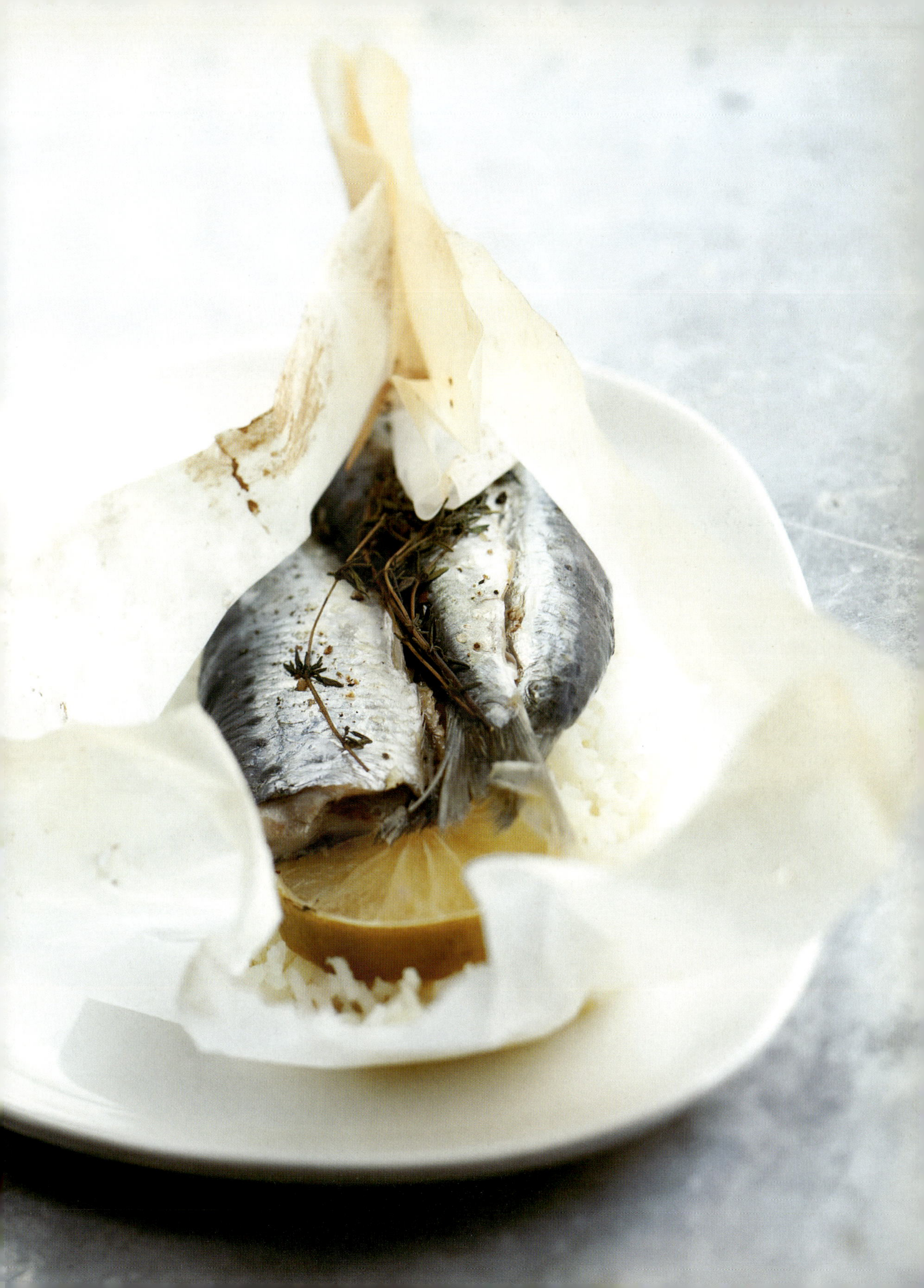

Este é um prato originário do sul da França que leva quatro ingredientes principais: bacalhau, batata, leite e azeite de oliva. Acessível e fácil de fazer, esta variante com batata-doce tornará o prato ainda mais leve.

Brandade de bacalhau com batata-doce

PREPARO: 15 MIN
COZIMENTO: 25 MIN
DESSALGA: 12 H

PARA 4 PESSOAS

> 370 g de bacalhau
> 250 g de batata-doce
> 100 ml de azeite de oliva
> 50 ml de leite
> Sal e pimenta-do-reino moída na hora

De véspera, coloque o bacalhau de molho em uma tigela com água fria e deixe dessalgar por 12 horas, trocando a água três ou quatro vezes.

Leve ao fogo duas panelas com água para ferver. Na primeira, cozinhe o bacalhau durante 10 minutos. Descasque as batatas-doce e depois corte-as em pedaços grandes. Cozinhe-os na segunda panela por cerca de 15 minutos, até estarem bem macios.

Escorra a batata-doce e amasse-a com o garfo em uma tigela grande para obter um purê. À parte, escorra também o bacalhau e amasse-o grosseiramente. Junte o azeite de oliva e o leite ao purê de batata-doce e incorpore o bacalhau sem homogeneizar demais a mistura: é desejável que sobrem pedaços para dar mais textura ao prato. Tempere com sal e pimenta-do-reino e leve para aquecer em uma panela, em fogo baixo. Sirva bem quente.

VARIANTE: Coloque a brandade em um prato de gratinar, recubra com farinha de rosca e deixe dourar no forno antes de servir. Fica diferente, mas não perde nada em sabor!

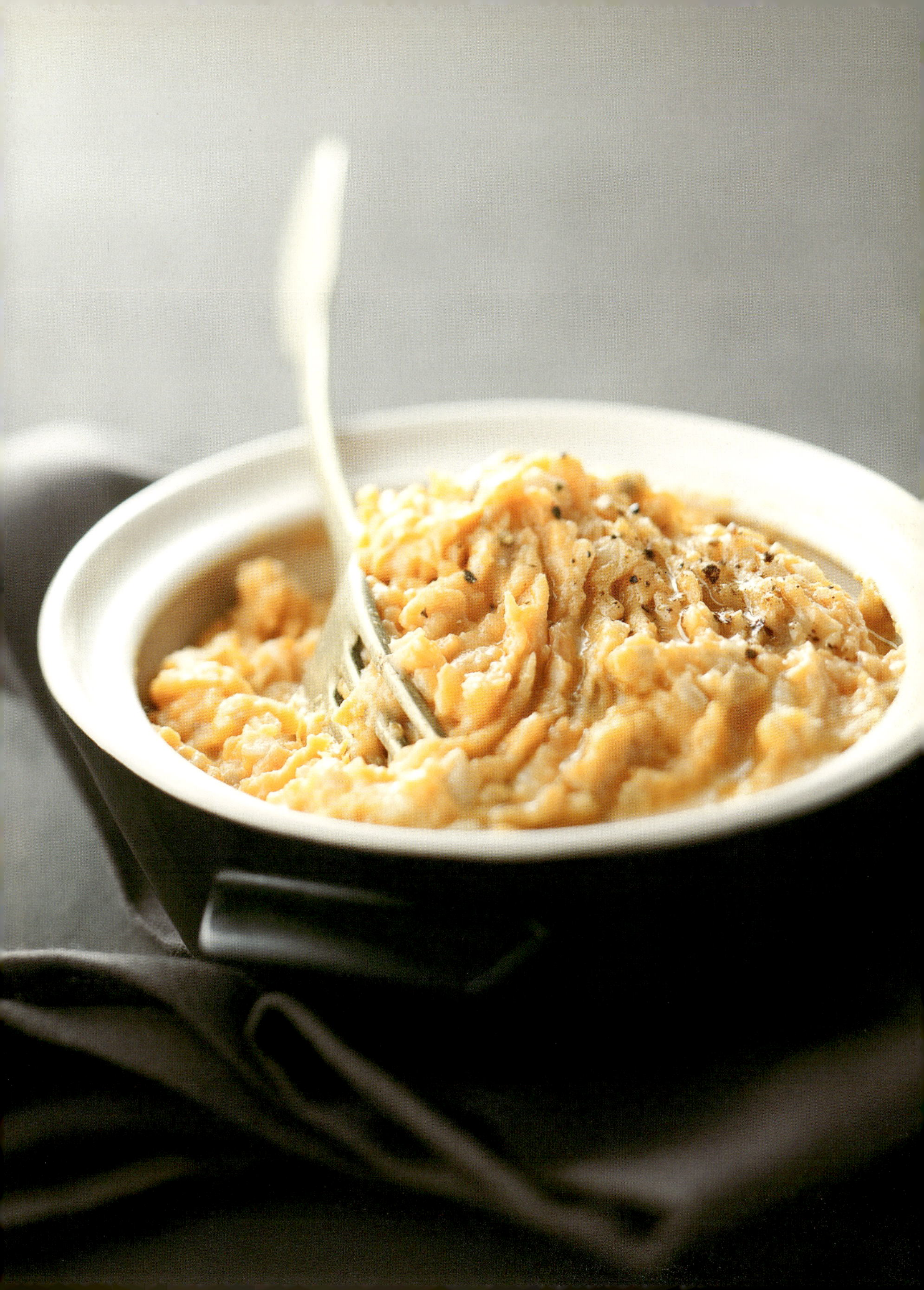

R$ 40

Eis uma maneira sofisticada de temperar camarão! Depois de marinados, ficarão bastante macios e acidulados. Existem camarões de muito boa qualidade e a preços convidativos nas gôndolas de congelados dos supermercados.

Linguine com espinafre e camarões marinados

PREPARO: 20 MIN
COZIMENTO: 20 MIN
MARINADA: 2 H

PARA 4 PESSOAS
> 400 g de macarrão linguine
> 200 g de espinafre fresco
> 1 colher (café) de baga de pimenta rosa

Para os camarões marinados
> 16 camarões médios
> 1 dente de alho
> 1 cm de gengibre fresco
> Suco de 2 limões
> 3 colheres (sopa) de azeite de oliva
> Sal e pimenta-do-reino moída na hora

Prepare os camarões marinados. Retire a casca, deixando a cauda. Descasque o alho, corte-o ao meio e pique em lâminas finas. Rale o gengibre. Em uma tigela, misture o suco de limão, o azeite de oliva, o gengibre ralado e o alho. Tempere com sal e pimenta-do-reino e acrescente os camarões. Deixe marinar na geladeira por 2 horas.

Depois das 2 horas, leve ao fogo uma panela com bastante água e sal. Quando ferver, acrescente o linguine e cozinhe por 8 a 10 minutos.

Lave o espinafre e pique finamente. Em uma frigideira bem quente, refogue os camarões com metade da marinada, acrescente o espinafre e aqueça em fogo alto. Escorra o linguine e junte à frigideira. Misture bem e cozinhe por alguns minutos ainda em fogo baixo. Salpique a pimenta rosa e sirva bem quente.

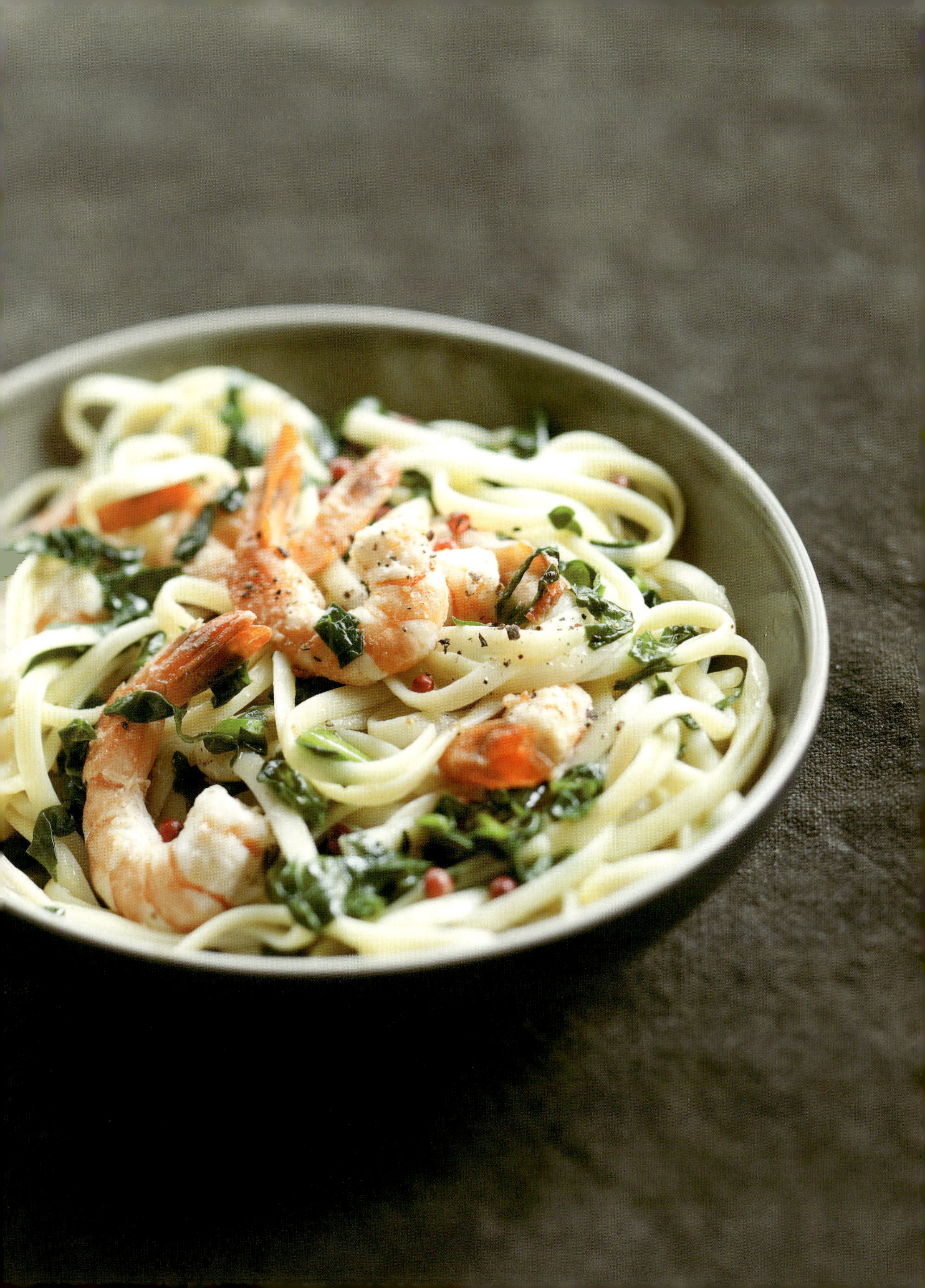

A polenta é feita com a farinha de milho. Pode ficar com consistência cremosa ou mais firme, para ser fatiada, e é perfeita para acompanhar carnes e peixes. As gôndolas de congelados estão repletas de filés de peixe, às vezes mais baratos que na peixaria... e de muito boa qualidade.

R$ 40

Enroladinhos de pescada com caramelo de limão e polenta fatiada

PREPARO: 20 MIN
COZIMENTO: 20 MIN

PARA 4 PESSOAS
> 200 g de farinha de fubá
> 4 filés de pescada
> 15 g de manteiga
> 2 colheres (sopa) de óleo
> Sal e pimenta-do-reino moída na hora

Para o caramelo de limão
> 2 colheres (sopa) de açúcar
> Suco de 3 limões
> 50 g de manteiga levemente salgada

Leve uma panela ao fogo com 500 ml de água. Assim que iniciar a fervura, comece a acrescentar o fubá aos poucos, mexendo sem parar para que não empelote. Tempere com sal e pimenta-do-reino e deixe engrossar em fogo baixo, mexendo sempre. Coloque a polenta cozida sobre papel-manteiga. Alise a superfície com uma espátula e reserve.

Corte os filés de pescada ao meio, no sentido do comprimento, obtendo 8 tiras longas. Tempere-os com sal e pimenta-do-reino, de ambos os lados, e enrole. Prenda a extremidade com um palito de dentes.

Prepare o caramelo de limão. Em uma panela de fundo grosso, deixe aquecer o açúcar até caramelizar. Quando o caramelo estiver escuro, acrescente o suco de limão, a manteiga e deixe aquecer por mais 5 minutos. Mantenha aquecido.

Recorte discos na placa de polenta e doure-os por 5 minutos de cada lado em uma frigideira ligeiramente untada com óleo. Derreta a manteiga em outra frigideira e cozinhe os rolinhos de pescada, de todos os lados, durante cerca de 10 minutos, para que o interior fique bem cozido. Sirva com o caramelo e as fatias de polenta bem quentes.

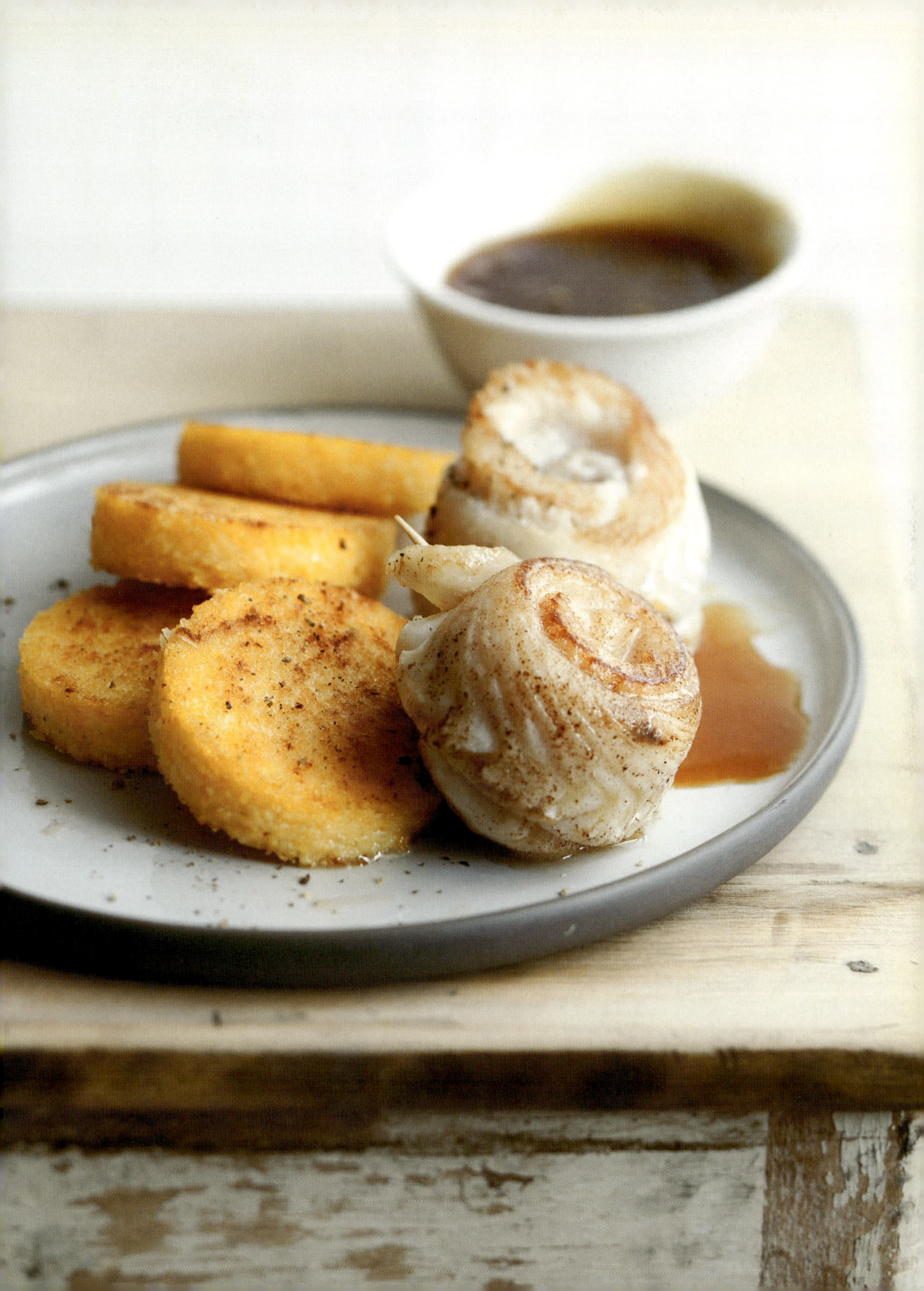

Tempere seu ensopado habitual de vitela com sabores asiáticos. Use erva-cidreira, pimentas e folhas de limão kaffir que podem ser compradas em casas especializadas. Em geral são bastante acessíveis e dão muita originalidade aos seus pratos! Se tiver bastante caldo, acrescente uma porção de macarrão de arroz para fazer uma deliciosa sopa tailandesa!

Ensopado de vitela com ervas tailandesas

PREPARO: 25 MIN
COZIMENTO: 1 H 10
REFRIGERAÇÃO: 2 H

PARA 4 PESSOAS

> 2 ramos de erva-cidreira
> 2 cm de gengibre fresco descascado
> 1 cebola pequena
> Suco de 1 limão
> 3 colheres (sopa) de molho de soja
> 4 colheres (sopa) de azeite de oliva
> 600 g de carne de vitela em pedaços
> 6 nabos
> 4 cenouras
> 100 ml de leite de coco
> 3 folhas de limão kaffir ou folhas de lima
> Sal e pimenta-do-reino moída na hora

Prepare a marinada. Destaque as folhas da erva-cidreira e pique-as. Rale o gengibre. Pique a cebola em fatias finas. Misture o suco de limão, a metade da erva-cidreira picada, a metade do gengibre, o molho de soja, a cebola picada e o azeite de oliva. Coloque a carne nessa marinada e deixe na geladeira por 2 horas.

Descasque os legumes, corte os nabos em quatro partes e as cenouras em fatias, obliquamente. Em uma panela grande, ferva 1 litro de água. Junte o restante da erva-cidreira e do gengibre ralado, o leite de coco e as folhas de limão ou de lima. Cozinhe em fogo baixo por 20 minutos. Coe o caldo e reserve.

Aqueça uma frigideira grande e acrescente os pedaços de carne com metade da marinada. Doure-a de todos os lados. Junte em seguida o caldo até cobrir a carne e deixe ferver por 30 minutos. Junte os legumes, complete com o restante do caldo, se necessário, para cobrir também os legumes. Cozinhe por mais 30 minutos. Tempere com sal e pimenta-do-reino e sirva bem quente, acompanhado de arroz branco.

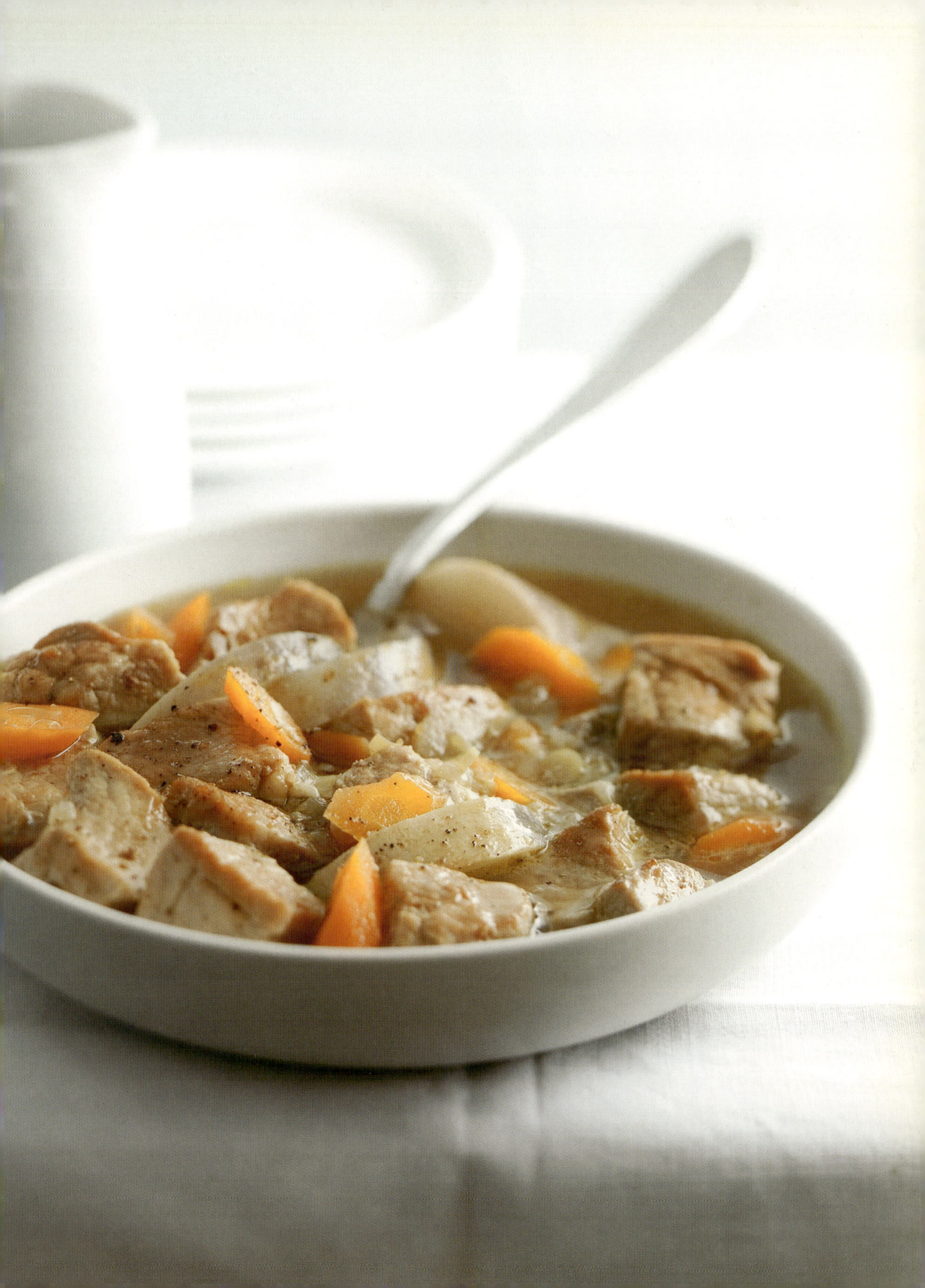

R$ 50

O lombinho é a parte mais tenra do porco. É, portanto, uma peça delicada de carne muito densa. Faça belos espetinhos e fique atento para que caramelizem bem no mel.

Brochetes de lombinho com mel e arroz com uva-passa

PREPARO: 20 MIN
COZIMENTO: 25 MIN

PARA 4 PESSOAS

> 600 g de lombinho
> 2 limões
> 20 azeitonas verdes sem caroços
> 1 colher (café) rasa de *ras el hanout**
> 70 g de arroz basmati
> 2 colheres (sopa) de azeite de oliva + o suficiente para servir
> 3 colheres (sopa) de mel
> 40 g de uva-passa
> Sal e pimenta-do-reino moída na hora

* Famosa mistura marroquina que leva pimenta-do-reino, coentro, cominho, cravo, cardamomo, cúrcuma, gengibre, sal, canela, pimenta-malagueta e flores secas.

Corte o filé-mignon em cubos grandes e os limões em quatro partes. Monte os espetos alternando os pedaços de carne, os quartos de limão e as azeitonas. Salpique ligeiramente os espetinhos com *ras el hanout* e reserve.

Leve ao fogo uma panela com água e sal. Quando ferver, acrescente o arroz e cozinhe por 10 minutos. Escorra e reserve.

Em uma frigideira, aqueça o azeite de oliva e doure os espetos de todos os lados. Acrescente o mel, derramando-o sobre os espetos, e deixe-os cozinhar em fogo baixo para que caramelizem. Na hora de servir, junte ao arroz a uva-passa e um fio de azeite de oliva. Tempere com sal e pimenta-do-reino e aqueça em fogo baixo.

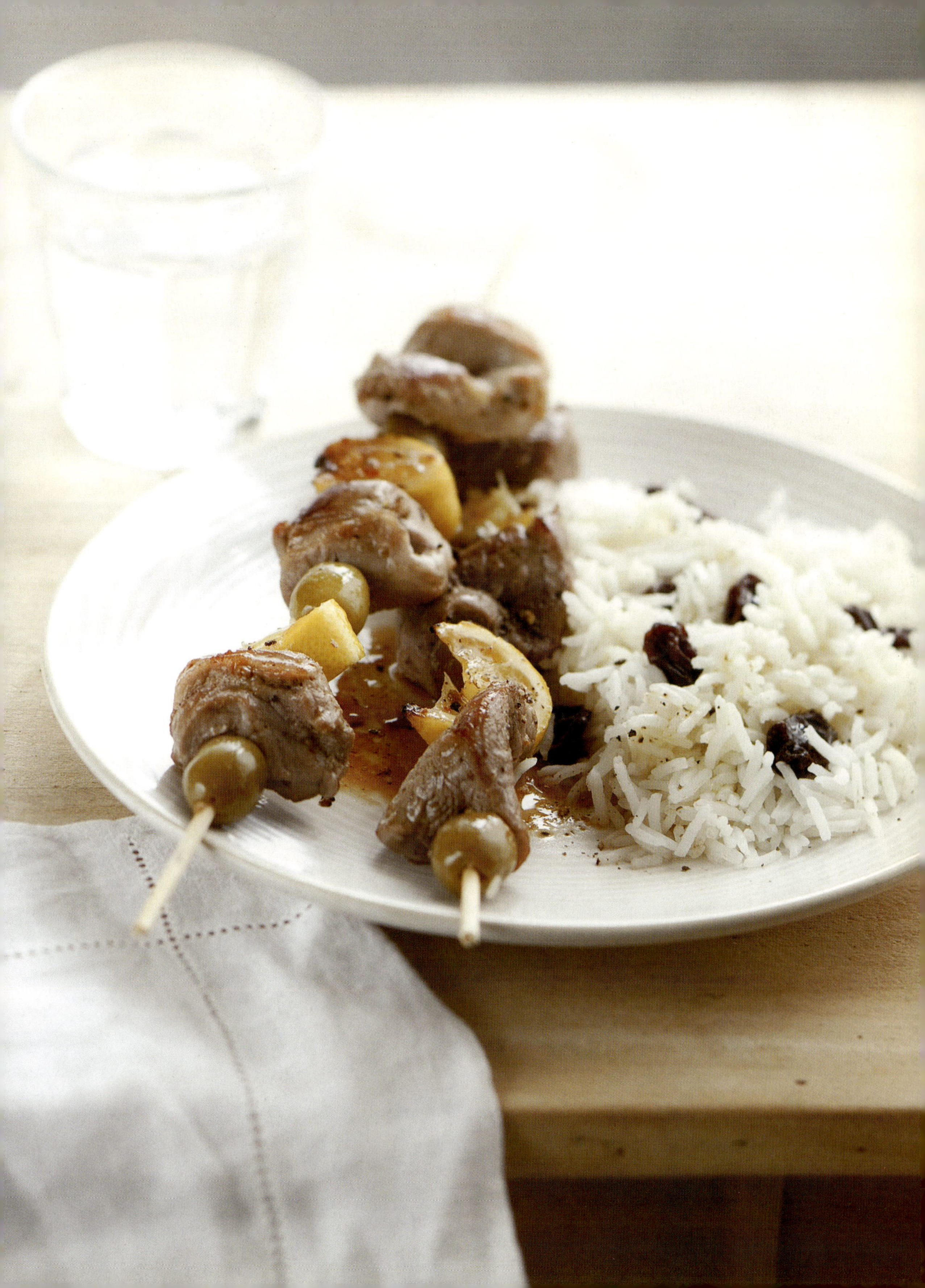

A *pastilla* é um prato tipicamente marroquino, feito tradicionalmente à base de peru. Para ocasiões festivas, faça *pastillas* individuais, providenciando uma quantidade extra de massa filo.

Pastilla de peru com erva-cidreira

PREPARO: 35 MIN
COZIMENTO: 35 MIN

PARA 4 PESSOAS

> 4 cenouras
> 1 ramo de erva-cidreira
> 2 cebolas pequenas
> 3 colheres (sopa) de azeite de oliva
> 1 colher (sopa) de canela em pó
> 500 g de filé de peru cortado em fatias finas
> 4 ovos
> 15 g de manteiga + o suficiente para pincelar as folhas de massa filo
> 20 g de amêndoa triturada
> óleo para untar
> 7 folhas de massa filo
> 2 colheres (sopa) de açúcar de confeiteiro
> 2 colheres (sopa) de mel
> Sal e pimenta-do-reino moída na hora

Descasque e rale as cenouras. Corte as folhas de erva-cidreira em vários pedaços usando uma tesoura. Corte as cebolas em fatias finas. Em uma panela, aqueça 2 colheres (sopa) de óleo. Doure então a cebola, acrescente a erva-cidreira e a canela e cozinhe por 2 minutos. Junte as fatias de peru e refogue em fogo alto por 5 minutos. Despeje 20 ml de água e cozinhe por mais 10 minutos. Retire a carne e, em seguida, acrescente à frigideira 3 ovos batidos, misturando para que cozinhem no molho. Corte os filés de peru em cubinhos e reserve.

Em uma frigideira, derreta a manteiga e refogue a cenoura ralada até ficar macia. Tempere com sal e pimenta-do-reino e acrescente a amêndoa triturada.

Preaqueça o forno a 180 ºC. Em uma forma desmontável untada, coloque 4 folhas de massa filo untadas com manteiga, umas sobre as outras. Em seguida, adicione a carne. Cubra com uma folha de massa filo untada e junte a mistura de ovos. Acrescente mais uma folha de massa filo untada e sobre ela a cenoura refogada. Dobre as bordas da massa para dentro, sobre o recheio, e cubra com uma última folha de massa untada, pressionando-a sobre a *pastilla*. Pincele com o ovo batido e leve ao forno por 25 minutos.

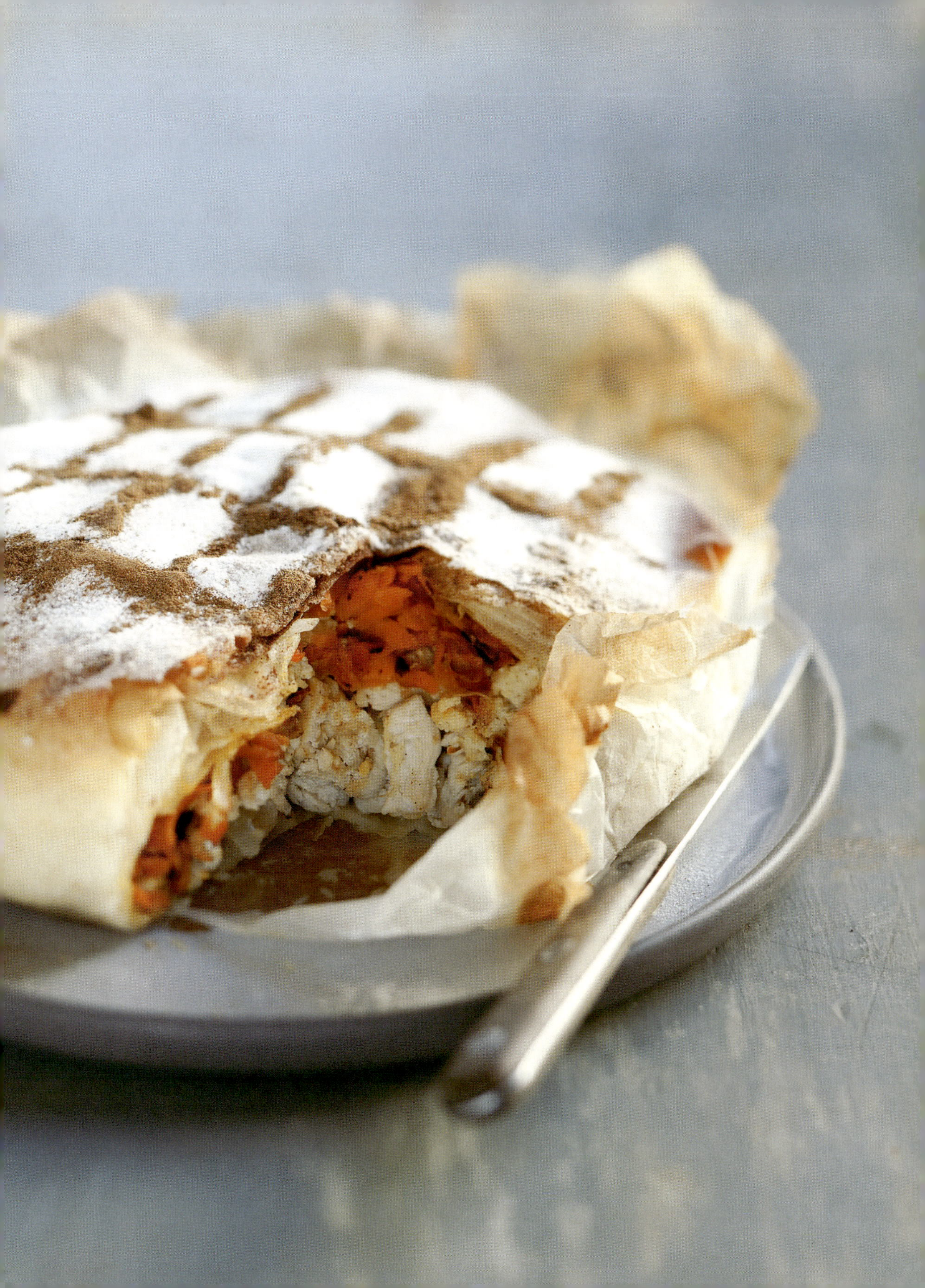

R$ 50

Ligados sempre à boa saúde, os legumes estão sempre na ordem do dia. Para inovar, faça esta receita na forma de um purê, simplesmente amassando grosseiramente os legumes após o cozimento. Regue com um fio de azeite de oliva e sirva bem quente!

*Co*nfit de cordeiro e frigideira de legumes

PREPARO: 20 MIN
COZIMENTO: 20 MIN

PARA 4 PESSOAS

> 4 fatias de pernil de cordeiro desossado
> 1 colher (sopa) de *quatre-épices**
> 600 g de mandioquinha
> 450 g de batata ou inhame
> 25 g de manteiga
> 2 colheres (sopa) de azeite de oliva
> 2 colheres (sopa) de mel
> Sal e pimenta-do-reino moída na hora

* Mistura picante de condimentos, composta de pimenta-do-reino branca, cravo-da-índia, gengibre e noz-moscada.

Corte as fatias de cordeiro em pedaços e tempere-os bem com as *quatre-épices*. Descasque a mandioquinha e a batata (ou inhame) e corte-as em cubos.

Em uma frigideira, derreta a manteiga e refogue os legumes cortados em cubos. Tempere com sal e pimenta-do-reino. Deixe cozinhar por cerca de 15 minutos, em fogo baixo, até que estejam bem macios, mexendo sempre para que não grudem.

Enquanto isso, em outra frigideira, aqueça o azeite de oliva e frite os pedaços de carne por igual, até estarem dourados. Junte o mel e cozinhe em fogo baixo, por 15 minutos, virando a carne regularmente até caramelizar. Tempere com sal e pimenta-do-reino e sirva bem quente com os legumes refogados.

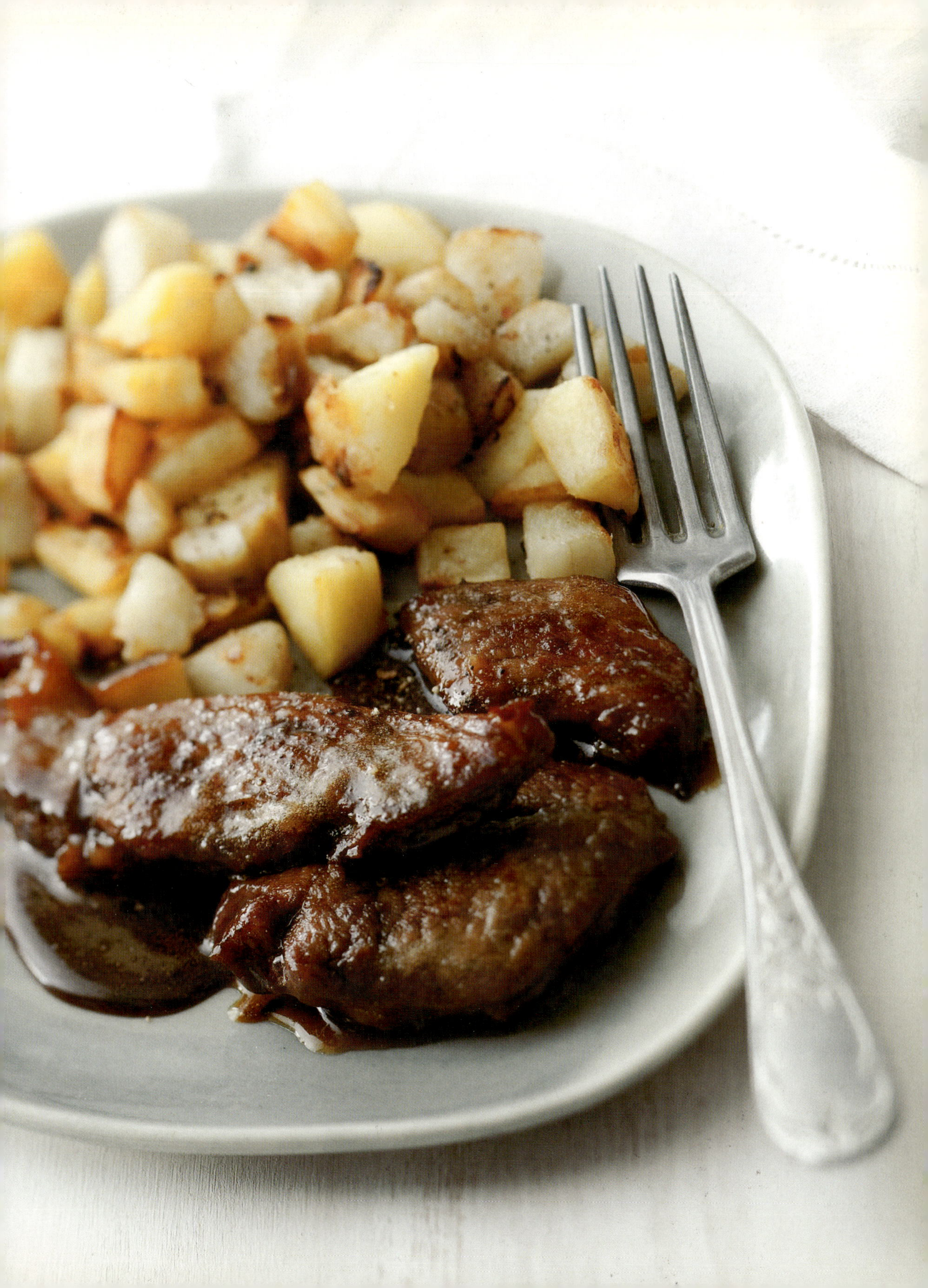

R$ 50

Cheia de energia e vitamina C, a endívia é a escolha ideal para uma refeição equilibrada. Associada à laranja, até as crianças vão gostar! Você pode acrescentar uma colherada de mel à frigideira para que caramelizem ligeiramente.

Filé de bacalhau e endívias assadas com laranja

PREPARO: 15 MIN
COZIMENTO: 25 MIN

PARA 4 PESSOAS
> 8 endívias
> 2 laranjas
> 20 g de manteiga
> 4 filés de bacalhau fresco
> 3 colheres (sopa) de azeite de oliva
> Sal e pimenta-do-reino moída na hora

Preaqueça o forno a 180 ºC. Depois de retirar as folhas externas das endívias, corte-as ao meio. Descasque uma das laranjas, com um cortador de legumes e retire o suco das duas laranjas.

Em uma frigideira, derreta a manteiga, acrescente a endívia, tampe e deixe tostar por 5 minutos. Adicione o suco e a casca de laranja e 100 ml de água. Tampe e cozinhe por 20 minutos.

Enquanto isso, coloque os filés de bacalhau em uma forma refratária. Regue com azeite de oliva e tempere com sal e pimenta-do-reino. Leve ao forno e deixe assar por 15 minutos.

Regue o peixe com o suco do cozimento da endívia e sirva bem quente, com os pedaços de endívia aromatizados com laranja.

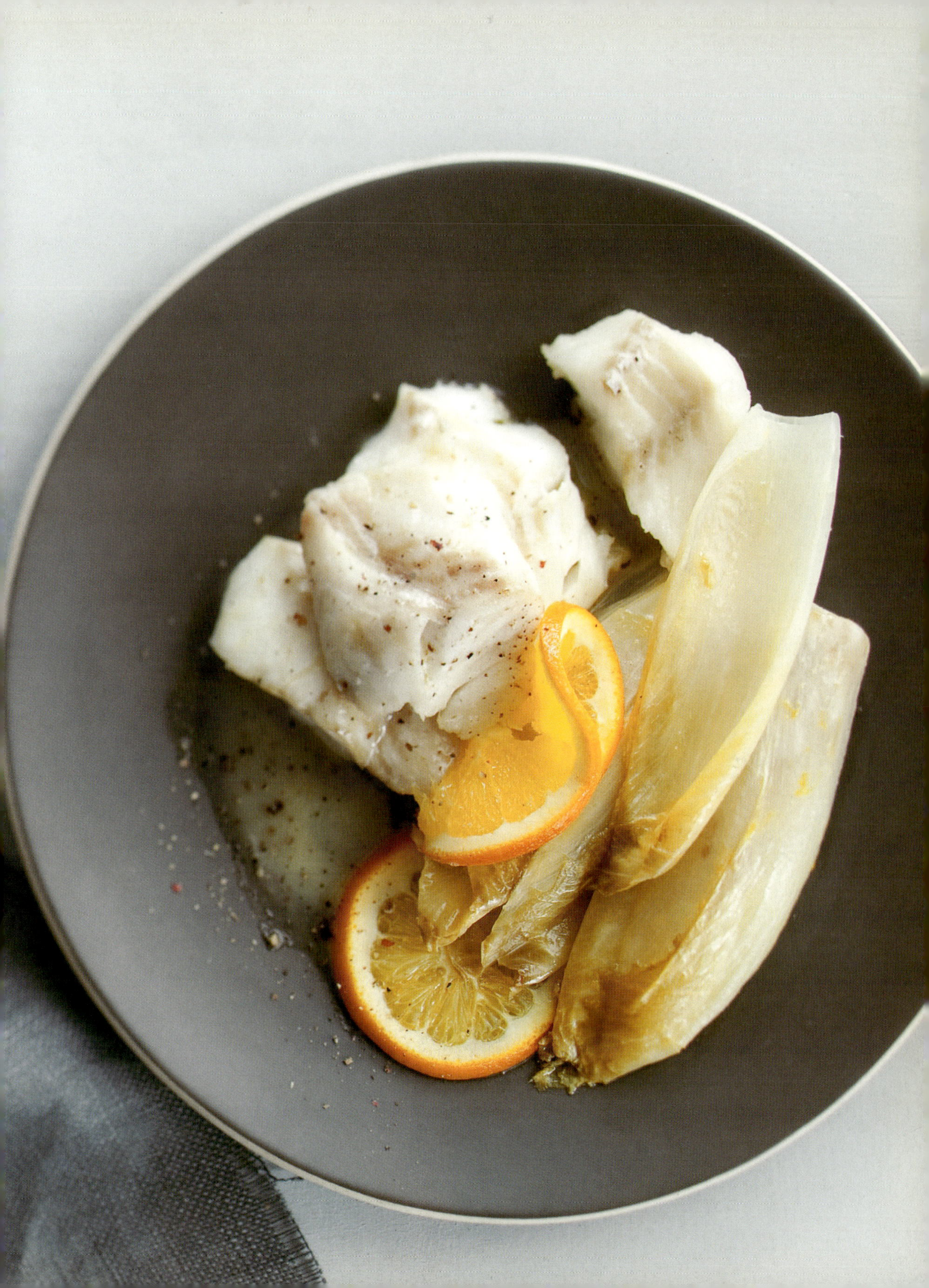

O salmão, tanto cru quanto cozido, é uma iguaria... Aqui ele se apresenta semicozido: uma forma muito boa e original de ser degustado. Se você tem alguma reserva em relação a peixe malpassado, leve-o ao forno por cerca de 10 minutos para completar o cozimento.

Salmão semicozido com molho de soja e cenouras glaçadas

PREPARO: 20 MIN
COZIMENTO: 15 MIN
MARINADA: 1 H

PARA 4 PESSOAS
> 4 postas de salmão sem pele
> 2 cebolinhas verdes
> Suco de 1 limão
> 4 colheres (sopa) de azeite de oliva
> 1 maço de cenouras novas
> 20 g de manteiga
> 1 colher (sopa) de mel
> 3 colheres (sopa) de molho de soja

Corte as postas de salmão em pedaços grandes. Corte a parte branca das cebolinhas em fatias finas e misture-as em uma tigela com o suco de limão e metade do azeite de oliva. Acrescente os pedaços de salmão e deixe marinar na geladeira por 1 hora.

Descasque as cenouras. Em uma frigideira, derreta a manteiga e refogue as cenouras. Junte 100 ml de água, tampe e cozinhe por 5 minutos. Retire a tampa, junte o mel e misture para recobrir bem as cenouras. Deixe cozinhar por mais 5 minutos até que as cenouras comecem a caramelizar.

Aqueça o restante do azeite de oliva em uma frigideira e sele os pedaços de salmão por 2 minutos de cada lado. Ele deve permanecer cru no interior. Acrescente o molho de soja à marinada do peixe e derrame-a em filete sobre o peixe semicozido. Sirva com as cenouras glaçadas bem quentes.

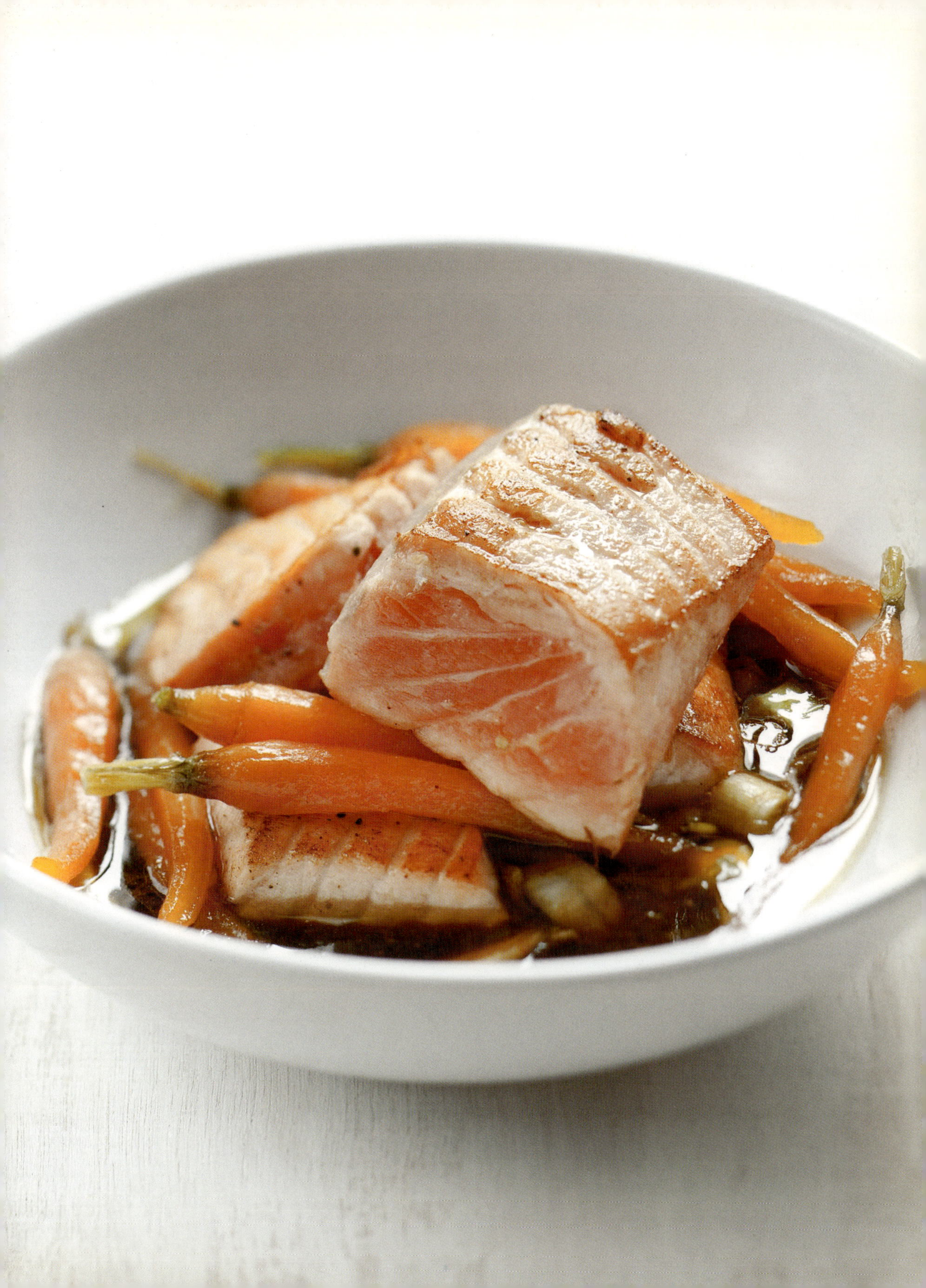

R$ 50

Esta *papillote* original fica crocante por fora e macio por dentro. Uma receita ideal para receber de forma simples, mas com produtos de qualidade... Para acompanhar, uma porção de arroz regado com um fio de azeite de oliva ou de molho de soja.

Papillotes crocantes de pescada

PREPARO: 30 MIN
COZIMENTO: 45 MIN

PARA 4 PESSOAS

> 3 alhos-porós
> 35 g de manteiga + 15 g de manteiga derretida
> 8 folhas de massa filo
> 4 filés de pescada-amarela
> Sal e pimenta-do-reino moída na hora

Preaqueça o forno a 180 °C. Lave os alhos-porós e corte-os em fatias. Em uma frigideira, derreta a manteiga e refogue o alho-poró até ficar macio.

Pincele 2 folhas de massa filo com a manteiga derretida e sobreponha-as. Coloque as fatias de alho-poró no centro e sobre elas um filé de pescada. Dobre as folhas de massa filo sobre o peixe para envolvê-lo completamente, selando as bordas da massa com manteiga derretida. Repita a operação com o restante dos ingredientes até montar quatro *papillotes*.

Coloque as *papillotes* em uma assadeira forrada com papel-manteiga. Leve ao forno por 35 minutos, virando-as de tempos em tempos para um cozimento uniforme.

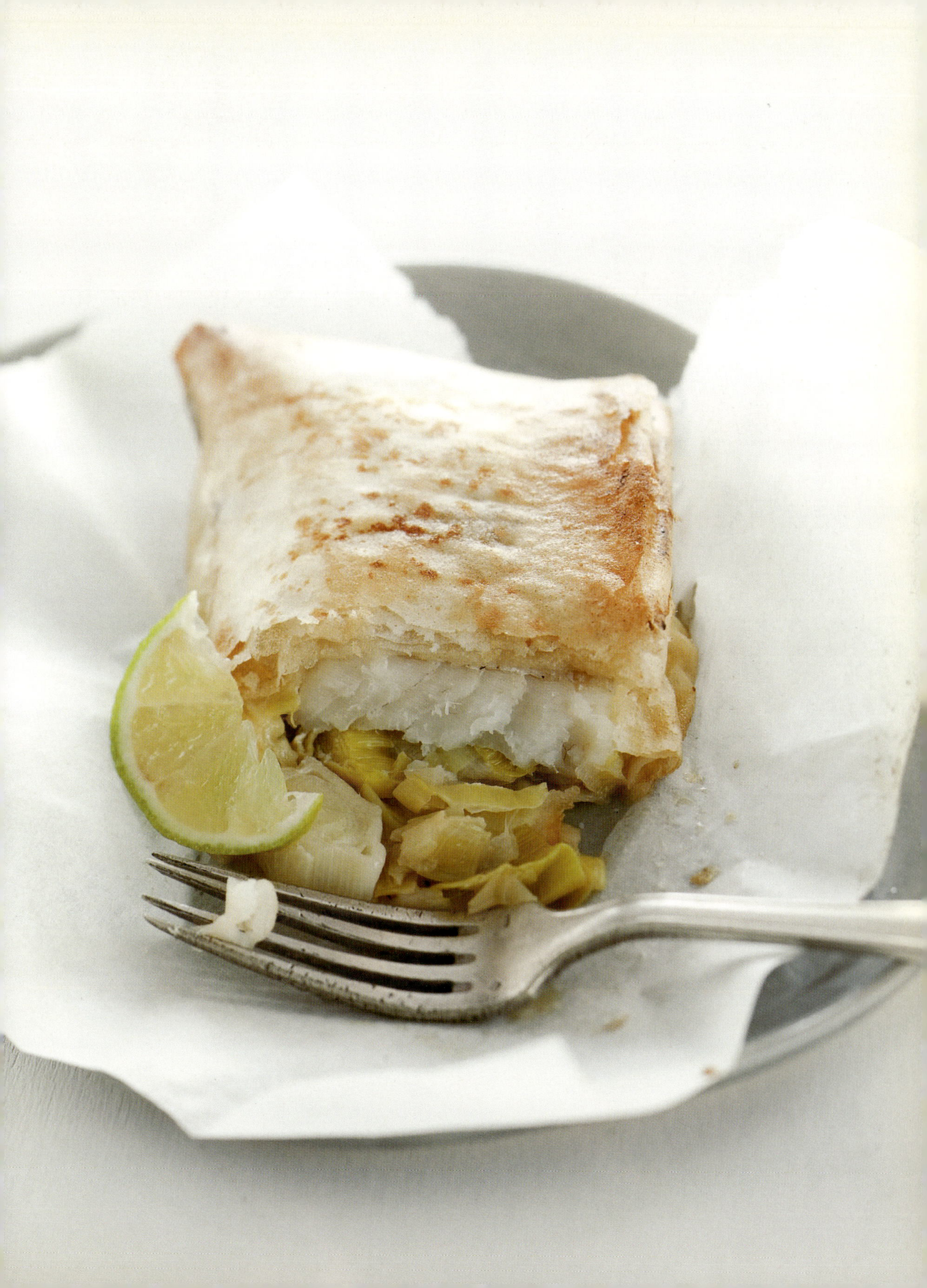

R$ 50

Eis uma receita fácil e surpreendente, que impressiona os convidados em um jantar informal: alguns legumes e peixe defumado, uma verdadeira delícia! Será igualmente delicioso servido bem frio, com um molho vinagrete acidulado.

Mil-folhas de legumes com peixe defumado

PREPARO: 30 MIN
COZIMENTO: 30 MIN

PARA 4 PESSOAS

> 3 nabos grandes
> 5 batatas grandes
> 4 cenouras
> 500 ml de leite
> 300 g de hadoque
> Azeite de oliva
> Sal e pimenta-do-reino moída na hora

Descasque os legumes e corte-os em fatias finas. Leve ao fogo uma panela grande com água. Quando ferver, acrescente os legumes e deixe cozinhar até estarem macios, mas ainda firmes. Escorra e passe pela água corrente para interromper o cozimento.

Enquanto os legumes estão no fogo, aqueça o leite em uma panela e cozinhe o hadoque durante 15 minutos. Escorra e desfaça o peixe em pedaços.

Preaqueça o forno a 180 ºC. Com a ajuda de um aro de metal, monte a primeira porção de mil-folhas. Disponha sucessivamente as fatias de nabo, batata, cenoura e do hadoque. Repita a operação, terminando por uma rosácea de cenoura. Regue generosamente com azeite de oliva e tempere com sal e pimenta-do-reino. Proceda da mesma forma com as outras 3 porções de mil-folhas.

Coloque as porções montadas em uma assadeira forrada com papel-manteiga. Leve para assar por 15 minutos. Sirva o prato bem quente, acompanhado de uma salada verde.

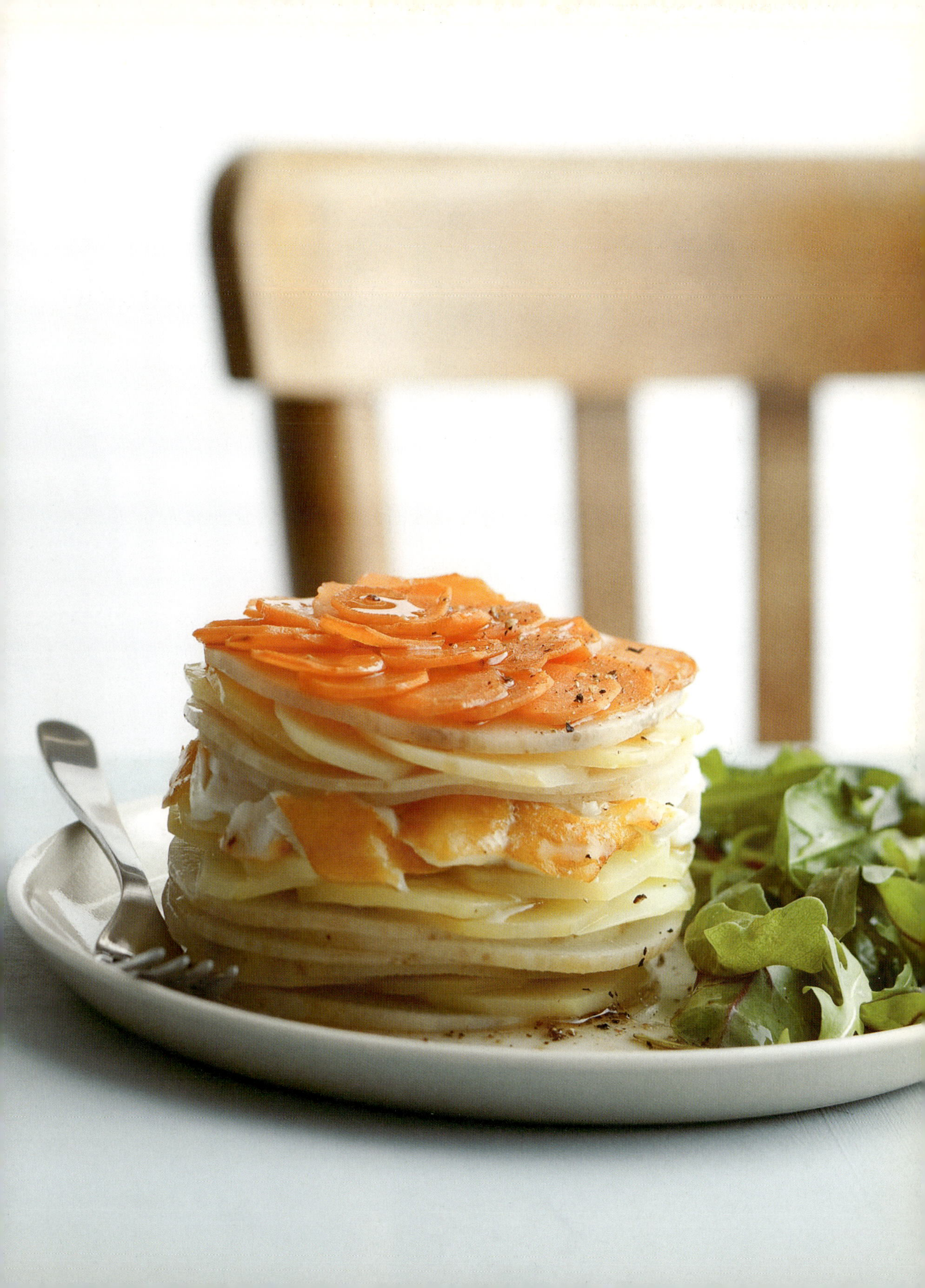

R$ 50

Associados a echalotas e talharim negro à base de tinta de lula, eles se revelam uma verdadeira iguaria! Os talharins ou espaguetes negros são facilmente encontrados nas seções de massas de supermercados ou em empórios.

Macarrão negro com mariscos e minialcachofras

PREPARO: 25 MIN
COZIMENTO: 35 MIN

PARA 4 PESSOAS

> 1 maço de minialcachofra novas
> 2 colheres (sopa) de azeite de oliva
> 2 echalotas em fatias finas
> 300 ml de vinho branco
> 600 g de amêijoa lavada
> 400 g de tagliatelle negro (massa com tinta de lulas)
> 250 ml de creme de leite fresco
> Sal a gosto

Desfolhe as minialcachofras: retire as folhas mais espessas e corte o cone de folhas, próximo ao fundo da alcachofra. Usando uma faca pequena, corte o pedúnculo a 3 cm da base. Corte ao meio as alcachofras e reserve. Aqueça o azeite de oliva em uma frigideira e sele as metades de alcachofra. Junte 50 ml de água e cozinhe por 10 minutos, até que as alcachofras estejam bem macias.

Leve ao fogo uma panela grande com água e sal para ferver. Em uma panela, aqueça o vinho branco com as fatias de echalota. Acrescente então as amêijoas, tampe a panela e, de vez quando, sacuda-a para que elas absorvam o líquido. Descarte as amêijoas que não se abrirem. Escorra, reservando o caldo do cozimento. Coloque a massa em uma panela com água e leve ao fogo para cozinhar por 8 minutos (ou siga as instruções da embalagem).

Reduza o caldo do cozimento dos mariscos à metade. Acrescente o creme de leite e tempere com sal e pimenta-do-reino. Cozinhe por mais 5 minutos. Escorra o macarrão e despeje-o juntamente com a alcachofra na panela do molho de amêijoa. Verifique o tempero e sirva quente.

TABELA DE EQUIVALÊNCIAS

CAPACIDADES

250 ml	1 xícara	750 ml	3 xícaras
500 ml	2 xícaras	1 litro	4 xícaras

Para facilitar a medida das capacidades, 1 xícara equivale aqui a 250 ml (na realidade, 1 xícara no Brasil = 230 ml).

Bérengère agradece de modo especial a Peintures Ressources, ao ateliê de Madame M., Patricia Vieljeux e às facas Ceccaldi.

Publicado originalmente na França em 2010 com o título *Cuisiner Pour 4 Avec 5, 10, 15 €*

Copyright © 2010 by Larousse

Copyright © 2011 by Editora Lafonte Ltda.

Todos os direitos reservados.
O texto deste livro foi editado conforme as normas do novo acordo ortográfico da língua portuguesa, em vigor no Brasil desde 1º de janeiro de 2009.

Edição brasileira

Publisher	Janice Florido
Coordenadora de produto	Daniella Tucci
Marketing	Fernanda Santos
Editoras	Fernanda Cardoso, Elaine Barros
Tradução	Suzete Casellato
Preparação	Walter Sagardoy
Diagramação	Celso Imperatrice

Dados Internacionais de Catalogação na Publicação (CIP)
(Câmara Brasileira do Livro, SP, Brasil)

Abraham, Bérengère
  Receitas para 4 pessoas com 25, 40 e 50 Reais /Bérengère Abraham ; fotografias de Fabrice Besse; [tradução Suzete Casellato]. – São Paulo: Editora Lafonte, 2011.

  Título original: Cuisiner pour 4 avec 5, 10,15€.
  ISBN 978-85-7635-833-6

  1. Culinária 2. Receitas I. Besse, Fabrice.
  II. Título.

11-00945   CDD-641.5

Índices para catálogo sistemático:
1. Receitas: Culinária: Economia doméstica   641.5

1ª edição brasileira: 2011
Direitos de edição em língua portuguesa, para o Brasil, adquiridos por Editora Lafonte Ltda.

Av. Prof.ª Ida Kolb, 551 – 3º andar – São Paulo – SP – CEP 02518-000
Telefone: (11) 3855-2290 Fax: (11) 3855-2280 Central de atendimento: 0800 7722120
atendimento@larousse.com.br – www.larousse.com.br

Receitas para 4 pessoas com 25, 40 e 50 Reais foi impresso na Espanha para a Editora Lafonte em agosto de 2011.